Piloter les risques d'un projet

Éditions d'Organisation
Groupe Eyrolles
61, bd Saint-Germain
75240 Paris Cedex 05

www.editions-organisation.com
www.editions-eyrolles.com

Cartes : © Asiatype

Henri-Pierre Maders et Jean-Luc Masselin

Piloter les risques d'un projet

EYROLLES

Éditions d'Organisation

Du même auteur aux Éditions d'Organisation

Piloter un projet d'organisation, Maders, H.-P., 2008.

Contrôle interne des risques, Maders, H.-P., Masselin, J.-L., 2006, 2ᵉ édition.

Pratiquer la conduite de projet, Maders, H.-P., Clet, E., 2005, 2ᵉ édition (livre avec CD-Rom).

Comment manager un projet, Maders, H.-P., Clet, E., 2005, 2ᵉ édition.

Manager une équipe projet, Maders, H.-P., 2003, 3ᵉ édition (livre avec CD-Rom).

Conduire un projet d'organisation, Maders, H.-P., Gauthier E., Le Gallais, C., 2002 (épuisé), 3ᵉ édition (livre avec CD-Rom).

Conduire un projet dans le tertiaire, Maders, H.-P., Lemaître, P., 2000 (épuisé), 2ᵉ édition.

Le management d'un projet, Maders, H.-P., Clet, E., 1998 (épuisé), 4ᵉ édition.

Assistant : organiser, gérer, faciliter, Maders, H.-P., Garcia, C., 1995 (épuisé), (livre du maître avec disquette et livre de l'éléve).

Audit opérationnel dans les banques, Maders, H.-P., 1994 (épuisé).

Améliorer l'organisation administrative, 100 fiches outils, Lemaître, P., Maders, H.-P., 1994 (épuisé), 2ᵉ édition.

L'organisation de l'unité de travail, Maders, H.-P., Boix, D., 1992 (épuisé).

L'efficacité du tertiaire par l'analyse de la valeur des processus, 103 fiches outils, Lemaître, P., Maders, H.-P., 1991 (épuisé).

À Christine et Patricia.

Les fichiers des fiches pratiques et des outils peuvent être téléchargés depuis le site :
www.editions-organisation.com.

Pour cela, tapez le code G54385 dans le champ <Recherche> de la page d'accueil du site, puis appuyez sur <entrée>.

Vous accéderez ainsi à la fiche de l'ouvrage sur laquelle se trouve un lien vers le fichier à télécharger. Une fois ce fichier téléchargé sur votre poste de travail, il vous suffit de le décompresser.

Téléchargez les fichiers des fiches pratiques et des outils
depuis www.editions-organisation.com

REMERCIEMENTS

Cet ouvrage est le résultat d'une expertise acquise dans le cadre de notre participation à de nombreux projets de formation et de conseil depuis le milieu des années 1980 en France et dans une trentaine de pays pour le compte d'entreprises publiques et privées ainsi que dans le cadre de l'organisation non gouvernementale SOS Sahel International France.

Il résulte également de l'animation de nombreux séminaires de formation et de conférences sur le thème de la gestion de projet auprés de centaines de managers, chefs de projet, organisateurs, auditeurs, hommes qualité, etc.

Il est enfin le fruit d'apports de clients et de partenaires dont certains sont devenus des amis et que nous tenons à remercier chaleureusement à cette occasion :

Louis Pilard, ancien directeur général de la Caisse du Crédit Agricole Mutuel d'Indre-et-Loire, qui nous a confié nos tout premiers projets d'organisation bancaires.

Pierre Lemaître, ancien directeur général de FACEM, Daniel Ollivier et Patrick Lansier, anciens directeurs, avec lesquels nous avons conduit de nombreux projets de formation et de conseil dans le monde bancaire en France et à l'étranger, et également écrit nos premiers ouvrages sur le sujet.

Maurice Mezel et Daniéle Pettersson, anciens responsables de la formation de l'Université du Groupe CIC, qui nous ont permis d'enseigner la gestion de projet à plus de mille cadres sur une durée de presque vingt années dans le regretté Château du Bel Air.

Youssoupha Diallo, président de BSD & Associés Groupe Hélios Afrique, avec lequel nous avons conduit un projet de référence à la Banque Centrale de la République Islamique de Mauritanie.

Francine Boira, ancienne responsable formation de la Banque La Hénin Crédit, avec laquelle nous avons accompagné l'appropriation de nouveaux outils informatiques par des centaines utilisateurs dans le cadre de la fusion avec le Comptoir des Entrepreneurs.

Jean Mader, doyen du corps professoral de l'ISG et délégué auprès de l'Organisation des Nations Unies pour le Développement Industriel, qui fut notre parrain auprès de cette agence des Nations Unies.

Martine Prat, directeur adjoint en charge du contrôle permanent du Groupe des Caisses d'Épargne, Laurent Clair, directeur des Contrôles Spécialisés, René Perrisseau, ancien directeur des contrôles permanents de la Caisse d'Épargne Île-de-France, et Bruno Auperin, ancien directeur Qualité et Sécurité du GIE informatique Sedi Rsi, avec lesquels nous avons conduit des projets significatifs et innovants en matière de conformité et de contrôle permanent.

Alain Ledemay, directeur général du Groupe CG, qui nous fait confiance régulièrement depuis plus de quinze ans dans la conduite de projets d'organisation.

Fabienne Dewaele, responsable du service Développements applicatifs, et Corinne Dajon, directeur du GIE informatique Sofinco Finaref, que nous avons accompagnées dans le développement de l'efficacité et de l'efficience des structures informatiques.

Le docteur José Clavero, qui nous a fait participer au projet si sensible du Dossier Médical Virtuel dans le cadre de l'accompagnement du réseau de santé ADEMV.

Jacques Schramm, président fondateur d'A2 Consulting, Étienne Clet et Jérôme Leblanc, associés, ainsi que Mourad Mebazaa, manager, avec lesquels nous conduisons des projets de conseil en management dans des grandes entreprises en France et à l'étranger et avons également écrit de nombreux articles et ouvrages sur la conduite de projet.

Marc Francioli, président de SOS Sahel France, et Rémi Hémeryck, délégué général, avec lesquels nous conduisons des projets de développement durable en Mauritanie, au Sénégal, au Burkina Faso, au Mali, au Niger et au Tchad.

Mais cet ouvrage est également le résultat de la confiance de notre éditeur, les Éditions d'Organisation, sans cesse renouvelée depuis vingt ans, en la personne de Monique Engrand tout d'abord, puis de Jeanne Gelin, enfin de Marguerite Cardoso.

SOMMAIRE

PARTIE 1
LA DÉMARCHE GÉNÉRALE DE MISE SOUS CONTRÔLE DES RISQUES
D'UN PROJET

PARTIE 2
APPLICATION DE LA DÉMARCHE
AUX DIFFÉRENTES PHASES D'UN PROJET

PRÉFACE

À la veille d'écrire ces quelques lignes, le hasard a fait que je suis allé voir une exposition sur les pionniers de l'aviation. J'y ai « rencontré » Claude Pompéien Piraud, dentiste lyonnais un peu loufoque, né en 1846. Il rêve de voler. Il construit mille et une machines toutes plus originales et extravagantes les unes que les autres. Ses engins ne voleront jamais, mais ont largement contribué à la naissance de l'aviation. Il meurt ruiné en 1907. J'y ai également « croisé » Charles et Gabriel Voisin, autres Lyonnais... Dix mille avions construits pendant la Première Guerre mondiale. Puis changement de cap, devant le risque d'être catalogué marchand d'armes, Voisin fabrique des voitures pendant un temps avec succès.

Quel rapport, pensez-vous, entre l'aviation, la banque, le nucléaire, la pharmacie, le voyage, Internet, la presse — où j'ai longtemps conduit des projets novateurs —, l'humanitaire — où j'œuvre aujourd'hui — et tous les autres chantiers ? Un, essentiel. Dans chaque situation tout repose sur le projet, sa conception, sa maîtrise des risques et au final sa réussite.

Si un projet naît souvent aujourd'hui de l'analyse du marché, il n'est cependant rien sans l'idée première, sans la passion qui l'accompagne. Une passion absorbante, dévorante, qui peut tout autant trouver en elle-même les mécanismes de la réussite que de l'échec. Les risques sont multiples ; c'est là qu'interviennent la raison et la méthode.

SOS Sahel, que je préside depuis quelques années, est une ONG qui intervient en Afrique sur toute la bande sahélienne francophone. Depuis la fin des années 1970, elle est confrontée à la mise en place de projets de développement durable pour des populations qui vivent bien en dessous des seuils de pauvreté fixés par la communauté internationale. Elle conduit des projets d'accès à l'eau, à la santé, à la formation, des projets de protection des ressources naturelles ainsi que de développement économique et agricole. Ces projets impliquent une obligation de réussite alors que l'environnement dans lequel ils prennent forme est semé d'embûches qui contrarient les objectifs fixés.

Si les risques les plus fréquents sont liés à l'analyse du terrain sur lequel évoluent l'ONG et ses partenaires locaux, à la compréhension des attentes des habitants de la zone concernée, à la construction même du projet, aux respects des délais amplifiés par les risques climatiques et au respect des budgets alloués, il est un point à mon sens prioritaire qui peut être partagé par tous les concepteurs de projet : l'évaluation de la résistance au changement, de la résistance à cette nouveauté qui effraie tout individu, quels que soient ses origines, son rang social, sa culture, sa formation.

Les auteurs de ce remarquable essai, Henri-Pierre Maders et Jean-Luc Masselin, ont balayé le champ des risques. Ils décortiquent ici, dans le menu et avec pertinence, les risques spécifiques et sournois qui guettent chaque projet, qui rongent les volontés et les enthousiasmes, qui font que l'intention ne fusionne pas toujours avec l'acte. Ils sont de nature sociale, économique, organisationnelle, plus simplement de nature humaine. Dans cette boîte à outils, les auteurs proposent à chaque responsable de projet une méthode et une check-list exhaustive des techniques qui permettent de maîtriser les risques au maximum. Ainsi libéré des contraintes générales, le responsable de projet pourra avoir l'œil rivé sur l'imprévisible.

Mais ce que nous disent également entre les lignes les auteurs, c'est qu'au-delà de la raison, de la rationalité, il faut ajouter la passion qui, quand elle n'embrume pas, affûte l'esprit et l'attention constante au moindre détail, à la moindre dérive qui pourrait faire chavirer le projet.

Marc Francioli, président de SOS Sahel International France
(www.sossahel.org).

INTRODUCTION

« Tout bien considéré, il y a deux sortes d'hommes dans ce monde :
ceux qui restent chez eux et les autres. »

Rudyard Kipling

La construction de la pyramide de Khéops, Égypte

Pour le voyageur qui s'est rendu un jour en Égypte et plus précisément au Caire, il est difficile de ne pas se rendre sur le complexe funéraire de Gizeh où se trouvent les pyramides de Khéops, de Khephren (fils de Khéops) gardée par le sphinx, et de Mykerinus... Et pour ce voyageur, même s'il se nomme Napoléon I, les dimensions de ces édifices sont telles qu'il en reste sans voix... La plus grande des trois pyramides du site est celle de Khéops, roi d'Égypte qui vécu vers - 2600 avant Jésus Christ sous la IVe dynastie. Il fit construire cet édifice afin d'y être placé à sa mort et de faciliter ainsi son ascension vers le Dieu Ré. On ne possède pas beaucoup d'informations sur ce pharaon rendu célèbre par sa pyramide, si ce n'est une petite statuette en ivoire retrouvée dans le temple de Khentymention, à Abydos. On sait qu'il était le fils de Snéfrou et de la reine Hétepherès, le deuxième roi de la IVe dynastie, et que son règne dura vingt-trois ans. Ce que l'on sait également, depuis l'historien grec Hérodote, c'est que la construction de la grande pyramide a pris une vingtaine d'années et mobilisé presque 100000 personnes pour un résultat impressionnant par ses proportions, dont nous reparlerons à plusieurs reprises dans ce livre. Ce qui est très impressionnant, c'est qu'à cette époque, il y a presque 5000 ans, l'Égypte ne possédait pas les techniques et outils actuels en construction d'ouvrages, en mathématiques, en astronomie... Les questions concernant la grande pyramide sont encore nombreuses et passionnent des chercheurs du monde entier, à commencer par la France à qui l'Égypte doit beaucoup en matière de connaissance de cette époque de son histoire. Rendons au passage un hommage sincère à Jean-François Champollion, qui permit de faire un pas de géant par la compréhension des hiéroglyphes en 1824… Quelle était la fonction réelle de la grande pyramide ? Comment a-t-elle été construite alors que les Égyptiens ne connaissaient pas la roue pour transporter des blocs de pierre énormes ni le palan pour les hisser et que les mathématiques étaient naissantes ? Comment son parfait alignement géographique a-t-il pu être réalisé ? Contient-elle encore des secrets ?

• Risque majeur de la construction de la pyramide de Khéops :

Risque humain : faire travailler 100 000 personnes sur une durée aussi longue.

• Dispositif de Maîtrise des Risques de la construction de la pyramide de Khéops :

– organisation taylorienne du travail avec des ouvriers « dociles » ;

– réquisition de tous les moyens de transport, de tous les hommes en âge de travailler, etc.

– nombre très important d'ouvriers ;

– management de proximité ;

– dispositif de motivation des troupes.

LE PROJET DANS LE CADRE D'UNE ENTREPRISE : DÉFINITION

Les projets s'inscrivent dans la réalisation des différents objectifs stratégiques de l'entreprise, qu'expriment ses orientations à long terme dans des domaines spécifiques (exemple : « schéma directeur informatique »). Ils relèvent des plans qui fixent, spécifiquement à certains secteurs, ou plus souvent, transversalement, les buts à atteindre à court et moyen terme, et précisent les résultats attendus, ainsi que les modalités de réalisation. Au besoin, des schémas directeurs relient les objectifs à long terme et les « plans ». Ils sont généralement définis par une instance que l'on nomme souvent « comité d'orientation ».

Certaines organisations attribuent également au « comité d'orientation » le pouvoir d'arrêter les décisions relatives au développement des projets. Dans d'autres entreprises, ce pouvoir est du ressort d'un « comité stratégique » pour les décisions inter-projet et d'un « comité de pilotage de projet » pour les décisions spécifiques à un projet.

À SAVOIR

« Un projet est une démarche spécifique qui permet de structurer méthodiquement et progressivement une réalité à venir. Un projet est défini et mis en œuvre pour élaborer une réponse au besoin d'un utilisateur, d'un client ou d'une clientèle, et il implique un objectif et des actions à entreprendre avec des ressources données. » (AFNOR Norme X50-106)

Dans une large mesure, cette définition s'applique également aux défis que les managers de tout niveau doivent relever quand ils prennent de nouvelles responsabilités (au ssein de leur entreprise ou d'une autre entreprise)... Le succès dépend souvent alors de l'adoption d'une démarche méthodique et structurée permettant l'avènement d'une « réalité à venir ». Dans de telles circonstances, les risques existent aussi, et nombre de ces défis n'ont pas abouti, faute de les avoir mis sous contrôle.

Risques majeurs relatifs à un changement de fonction

Risque stratégique

L'expérience accumulée dans ce nouveau poste constituera-t-elle un réel « plus » dans le CV de l'intéressé ? Le cas échéant, le changement de société qui accompagne le changement de poste fait un pari comparatif entre les avenirs des deux sociétés (celle quittée et celle rejointe).

Risque technique

Les nouvelles responsabilités comportent des exigences nouvelles incorporant une part plus ou moins importante de défis techniques. Le risque est maximum quand il s'agit de changer de cap dans une carrière et de passer d'une fonction à une autre. Le risque existe aussi, et il est souvent sous-estimé, quand un excellent technicien ou expert devient manager. En effet, le travail à faire en majeur et la posture à tenir sont finalement très différents et ne sont pas aisément accessibles à tous.

Risque politique

Un changement de poste est fréquemment accompagné d'un changement de rattachement. Les attentes, le style de communication et le relationnel peuvent changer du tout au tout et les risques y afférant sont significatifs. De même, l'équipe rattachée change également avec un accueil qui peut être plus ou moins favorable par les personnes en place et qui de toute façon nécessite une adaptation dont la qualité et la rapidité influent fortement sur les performances du groupe.

DMR relatif au changement de fonction

– Analyse préalable à la décision suffisamment poussée, intégrant d'une part une prise de conscience claire des différences techniques, managériales et économiques des deux postes, et d'autre part, une analyse des entreprises et secteurs concernés. La capacité à revenir à son poste précédent (comme c'est le cas pour certains fonctionnaires en mobilité) constitue à n'en pas douter un outil de gestion de risque particulièrement efficace.

– Engagement technique et/ou managérial poussé. Quand le défi est important, s'en montrer conscient est souvent un atout. Il est alors possible de négocier des objectifs progressifs et éventuellement un accompagnement technique ou managérial (coaching) offert de plus en plus fréquemment dans les grandes structures.

– Entretiens réguliers avec le supérieur pour prendre en compte les attentes, les préciser, vérifier leur bonne compréhension, ajuster l'organisation, etc. Mise en place d'indicateurs quantitatifs de réussite.

DEUX TYPES DE PROJETS

On distingue généralement deux types de projets : les projets de conception ou de reconception ; les projets de correction ou d'adaptation.

Les projets de conception ou de reconception

Ils visent à promouvoir une nouvelle organisation, un nouveau produit... Ils résultent le plus souvent de contraintes externes (par exemple : mise en place d'un système de gestion suite à une modification des dispositions réglementaires) ou d'une démarche volontariste de l'entreprise (par exemple, la mise en place d'un programme qualité, le lancement d'un produit sur le marché, etc.).

Les projets de correction ou d'adaptation

Ils sont destinés à traiter des dysfonctionnements constatés (exemple : anomalies générées par un processus déficient), à améliorer le système actuel, par rapport à un contexte nouveau (exemple : optimisation d'une procédure à la suite d'une évolution des besoins des clients). Ils doivent tenir compte de l'existant, et apporter des réponses adaptées à des objectifs fixés (exemple : augmentation de la productivité, optimisation des effectifs, réduction des charges informatiques, etc.).

Des risques significatifs

Ces deux types de projets sont exposés à des risques significatifs. Ils doivent tous deux faire l'objet d'une mise sous contrôle appropriée. Bien évidemment, les projets de conception paraissent être d'une autre ampleur que les projets d'adaptation. La nouveauté, donc l'incertain, y est plus présente. Les dispositifs de maîtrise des risques doivent en tenir compte. L'erreur est cependant souvent faite de négliger les projets de correction ou d'adaptation à raison de leur horizon plus court et d'un aléa technique jugé moins important.

Sans parodier la Prévention Routière, qui rappelle que l'essentiel des accidents survient sur des trajets fréquents et des déplacements de proximité, on pourra indiquer que les erreurs ou omissions dans la définition des objectifs, la disponibilité des ressources, le pilotage des réalisations, etc., sont autant de facteurs de risque menaçant les projets de correction.

Enfin, la frontière entre les deux types de projets n'est pas parfaitement étanche. Ainsi, les grandes banques de la place hésitent entre deux stratégies de renouvellement de leurs applications de traitement des opérations sur titres (actions, obligations, etc.). Le projet est d'une telle complexité et d'une telle longueur que les intéressées envisagent comme alternatives le lancement d'un projet de conception d'environ sept ans et celui d'un projet d'adaptation modules par modules, couvrant également une période de sept ans.

D'un type comme de l'autre, les enjeux sont forts. Les projets ont une finalité suffisamment importante pour mobiliser les énergies et les moyens. Certains, comme indiqué précédemment, font des paris sur l'avenir susceptibles de changer profondément la vie de nombreuses parties prenantes. La question de la réussite et de l'échec des projets est donc clé… et gérer les risques susceptibles d'avoir un impact sur ces derniers essentiel.

À SAVOIR

Les erreurs ou omissions dans la définition des objectifs, la disponibilité des ressources, le pilotage des réalisations, etc., sont autant de facteurs de risque menaçant les projets de correction ou d'adaptation.

L'ORIGINE DE LA GESTION DU RISQUE

À l'origine, la « gestion du risque » est apparue dans le secteur industriel : transport maritime, exploitation minière, industrie automobile, nucléaire, pétrolière, chimique, etc. Par la suite, elle s'est développée dans d'autres secteurs tels que la santé, la construction, la production agricole… Sans oublier les projets de développement durable.

À SAVOIR

À l'heure actuelle, c'est sans doute dans l'industrie nucléaire que l'impact potentiel des accidents est le plus important, mais aussi que les mesures pour les prévenir sont les plus sophistiquées.

Dans le secteur du nucléaire, on parle donc de « sûreté », plus que de sécurité. D'autre part, l'industrie nucléaire comporte une spécificité par rapport aux autres types d'industrie : la durée de son cycle. En effet, une installation nucléaire est généralement conçue pour une durée de vie d'une trentaine d'années. L'expérience a montré que les réacteurs peuvent fonctionner un peu plus longtemps (Fessenheim a été mis en service en 1975). La nouvelle génération de réacteurs en France est conçue pour une durée de vie de soixante ans. En effet, la « déconstruction », selon le vocabulaire actuel, d'une installation nucléaire est une opération très lourde, encore jamais entièrement menée sur un plan industriel à ce jour. Les applications les plus évidentes de la gestion des risques industriels concernent les Installations Classées pour la Protection de l'Environnement (ICPE).

Pour situer ce type de préoccupation en France aujourd'hui, précisons que le projet de loi de finances pour 2009 prévoit dans son programme n° 181 « Prévention des risques », des crédits de 269,5 millions d'euros en autorisations d'engagement, soit plus 22 % en un an, et à 237,5 millions d'euros en crédits de paiement, soit plus 11,2 %. Ce projet se décompose en quatre actions :

- prévention des risques technologiques et des pollutions ;
- contrôle de la sûreté nucléaire et de la radioprotection ;
- prévention des risques naturels et hydrauliques ;
- gestion de l'après-mine et travaux de mise en sécurité, indemnisations et expropriations sur les sites.

Bien évidemment, il n'est pas question ici des dépenses engagées annuellement par l'exploitant EDF ou Areva pour l'entretien, la sécurité et la maintenance, ni des amortissements (part annuelle) des investissements de sécurité et de gestion des risques investis dans les projets du secteur nucléaire. Mais tout naturellement, la gestion des risques s'applique à toute nature de projet car le risque est partout…

DES FACTEURS SITUATIONNELS CRÉATEURS D'INCERTITUDE

Un certain nombre de facteurs situationnels sont générateurs d'incertitude dans un projet. Prenons le cas d'un projet informatique.

Certains facteurs sont dus au système d'information final :

- attitude hostile des utilisateurs ;
- faible compétence des utilisateurs ;
- instabilité de l'environnement ;
- défaut de formalisation des informations ;
- défaut de formalisation des processus ;
- instabilité des informations et des processus ;
- caractère trop spécifique du système ;
- incompréhension des spécifications ;
- importance stratégique excessive ;
- lourdeur des changements organisationnels ;
- indisponibilité ;
- instabilité des exigences, etc.

D'autres sont dus au système informatique lui-même (importance des changements technologiques, nouveauté de la technologie cible, etc.), à la technologie du projet (innovation technique, indisponibilité technique), à la planification (nouveauté de l'adaptation, délais tendus, budgets serrés), ou enfin à la structure du projet (manque de compétence de l'équipe projet, dépendance forte auprès de la sous-traitance, adhérences avec d'autres adaptations du système d'information, flou du contexte client-fournisseur, etc.).

LES RAISONS D'UN ÉCHEC

Pourquoi tant de projets échouent ? Continuons à prendre les projets informatiques en exemple. D'après une étude du Standish Group[1] publiée en 1995, le taux d'échec des projets informatiques pour les grandes entreprises est de 90 %. Un tiers des projets seraient abandonnés avant la fin, plus des trois quarts ont dépassé leur budget et/ou délai et près de la moitié n'ont pas complètement atteint leur objectif (citons par exemple American Airlines pour le

---

1. Basé à Boston, le Standish Group, créé en 1985, est un observatoire de la performance des projets à dominante informatique. Il propose également des prestations de service visant à sécuriser les projets informatiques et par là même à maximiser leurs chances de succès.

projet de réservation d'hôtels et de location de véhicules, la chaîne des hôtels Hyatt et la banque brésilienne Itamarati).

L'analyse est confirmée par le cabinet KPMG, au Canada, en 1997. Les consultants dégagent de leur étude les traits principaux des échecs :

- 87 % ont dépassé leur échéancier alors même que 60 % étaient des petits projets ne devant pas dépasser douze mois ;
- 56 % ont dépassé leur budget ;
- 45 % n'ont pas su procurer les avantages escomptés.

Parmi les exemples les plus connus, relevant de structures disposant *a priori* des capacités et des compétences pour gérer leurs projets, on compte :

- Le système Socrate de la SNCF avec ses dysfonctionnements longuement commentés.
- Le Plan informatique du ministère de la Justice abandonné en 1994 alors que les 850 millions de francs qui lui étaient consacrés ont donné des résultats très médiocres selon le rapport de la Cour des Comptes.
- Le projet Taurus de liaison informatique entre tous les acteurs financiers de la place de Londres abandonné au bout de trois ans (coût de plusieurs millions de livres) et un projet analogue à Paris (Relit) livré avec trois ans de retard.

Beaucoup de projets informatiques n'atteignent pas les objectifs de qualité souhaités au départ avec un strict respect des délais et des ressources. Cet état de fait a de nombreuses conséquences en ce qui concerne l'ouvrage (but, résultat du projet) :

- faible qualité des produits ;
- développement d'un système erroné ou inutilisable ;
- rejet du nouveau système par les utilisateurs ;
- déficiences des propriétés non fonctionnelles (sécurité, facilité de maintenance, efficacité, rentabilité, etc.) ;
- coûts insupportables pour l'entreprise…

Mais les conséquences sont également négatives du côté de l'œuvre : exigences indéterminées ou irréalisables, indétermination des interfaces, difficulté d'intégration avec les autres systèmes, dépassement de capacité des possibilités informatiques, incidence de l'échec du projet sur le fonctionnement de l'entreprise... Les conséquences sont enfin durables.

À SAVOIR

La récurrence de ces échecs a établi un climat de défiance vis-à-vis des projets informatiques. La crédibilité des projets à connotation informatique est de ce fait touchée.

La confiance étant perdue, un nombre moins important de ces projets sont lancés et les moyens mobilisés moins généreux. Simultanément, les acteurs concernés sont plus facilement hostiles à ces projets. Bien évidemment, on peut rechercher les causes de ces échecs et les facteurs de risque que ces projets avaient en commun.

L'AVIS DE LA MAÎTRISE D'ŒUVRE

Analysons à présent les causes de la dérive des projets, vue du côté de la maîtrise d'œuvre, en prenant toujours l'exemple des projets informatiques... Il est vrai qu'ils s'y prêtent si bien !

Limites non fixées

La première cause de dérive des projets informatiques est l'extension des limites du projet au fur et à mesure de sa réalisation : lorsque les limites du projet n'ont pas été correctement fixées, des tendances d'extensions continuelles se manifestent sans que l'on puisse les écarter, faute d'avoir défini des frontières contractuelles claires et précises.

À SAVOIR

Dans un contexte commercial, le flou est toujours interprété à l'avantage du client et le fournisseur ne sort de l'ambiguïté qu'à son détriment.

Déficience du maître d'ouvrage

La seconde cause de dérive des projets informatiques concerne la déficience du maître d'ouvrage : un maître d'ouvrage qui ne joue pas son rôle constitue un risque majeur pour l'ensemble du projet. En effet, il est responsable de la définition des besoins fonctionnels et doit à ce titre arbitrer entre les utilisateurs et choisir les options souhaitables et possibles, même si cela doit le conduire à une fermeté certaine.

Plusieurs situations sont susceptibles de générer ce type de risque. Le cas qui vient à l'esprit en premier lieu est celui d'un management défaillant. Il ne faut pas écarter la possibilité d'une inadaptation au poste, mais il serait trop simple de penser que les risques peuvent survenir uniquement dans ces cas caricaturaux. Plusieurs facteurs peuvent influer sur la concentration du maître d'ouvrage. Les Caisses d'Épargne indiquent clairement que l'un des paramètres ayant réduit la vigilance du groupe en termes de gestion des risques de marchés est la décision de cessation d'activité. Le projet n'étant plus sur le devant de la scène, il ne lui est plus accordé la même attention ou la même priorité. Il peut même arriver que la responsabilité du projet ne soit plus clairement établie et que cette imprécision ait la même incidence sur la gestion des risques. Dans le cas d'espèce, le groupe a perdu plus de 600 millions d'euros sur les marchés.

À SAVOIR

Un maître d'ouvrage pas prêt à mettre sa carrière en jeu dans le cadre de projets stratégiques est un risque pour le projet.

Faible motivation

La troisième cause de dérive des projets informatiques concerne une absence de motivation des développeurs : la gestion quantitative des ressources ne dispense pas d'intégrer les facteurs humains dans la conduite de projet. Le ma tre d 'uvre doit ce titre en permanence motiver son quipe afin d viter que la routine ne s installe

Les innovations technologiques

La quatrième et dernière cause concerne les innovations technologiques. Il est bien évident que la prise en compte, dans un projet, de technologies innovantes peu maîtrisées est un risque certain bien que difficile à évaluer. Il faut garantir que les aides (formation, assistance) promises par le fournisseur de la technologie seront données.

Les autres causes concernent divers autres risques principalement humains : instabilité de l'équipe au cours du projet tant du côté client que du côté fournisseur, dilution des responsabilités au sein d'équipes trop nombreuses, changement d'orientations au cours du projet, démotivation par absence de reconnaissance des contributions, mauvaise répartition des moyens…

À SAVOIR

À la réflexion, les risques qui menacent les projets informatiques s'expriment ainsi à tous les stades classiques du projet : définition, lancement, conception détaillée, réalisation, mise en œuvre et mise en exploitation.

TROIS APPROCHES POUR S'ORIENTER

Trois types d'approche permettent de dégager les spécificités d'une situation et de s'orienter : l'approche par les problèmes, l'approche par les aspects et l'approche par les obstacles.

L'approche par les problèmes

Les problèmes (dysfonctionnements ou objectifs) prioritaires sont-ils plutôt économiques (productivité, rentabilité), commerciaux (qualité de service, quantité produite par rapport à la demande), techniques (modes opératoires, machines), sociaux (personnel, syndicats) ou encore liés à la sécurité (des opérations, des personnes, du patrimoine, etc.) ? Selon le cas, les personnes à impliquer dans l'étude (pour consultation, avis, décision, action, etc.) seront principalement les dirigeants, l'encadrement stratégique et l'encadrement opérationnel, le personnel opérationnel, les clients et certains experts (au besoin extérieurs). La nature du problème à traiter influence ainsi grandement le choix des personnes à associer à la conception de la réorganisation.

L'approche par les aspects de l'organisation

Les aspects de l'organisation *a priori* à reconcevoir sont-ils plutôt l'affectation des fonctions (tâches et responsabilités) entre les personnels, l'implantation spatiale des locaux et l'aménagement des postes de travail, la programmation du travail (plannings) ou les méthodes, procédures, procédés et circuits utilisés ? Selon les cas, on aura intérêt à utiliser des outils appropriés (organigramme, planning d'ordonnancement, ordinogramme, etc.).

L'approche par les obstacles majeurs

Les obstacles majeurs sont-ils dus à une difficulté à se mettre d'accord sur la définition du problème (insister sur cette étape et refuser d'aller plus loin dans l'étude avant d'avoir obtenu une définition écrite, claire et acceptée de l'enjeu de l'étude), à la complexité de la situation (prendre le temps nécessaire afin de recueillir toutes les données et construire un modèle explicatif et représentatif de la situation existante), à une incapacité à remettre en cause les habitudes actuelles (ne pas hésiter à passer rapidement à la recherche créative d'idées nouvelles, y orienter ses efforts et rechercher des correspondants-alliés au niveau du terrain pour faire avancer les choses), à un affrontement de thèses opposées en présence quant aux solutions préférables (soigner la clarification du problème et des enjeux, poursuivre la prise de recul en faisant identifier soigneusement les critères de choix déterminants, rester strictement neutre et utiliser toute la panoplie des méthodes de rationalisation des choix) ?

À SAVOIR

Les risques peuvent être cernés par des outils adaptés que l'on peut utiliser à chaque phase des projets. Il convient de bien les choisir pour traiter les risques de nature technologique, humaine, méthodologique ou tactique.

Les spécificités d'un projet

Chaque projet comporte des spécificités et nécessite une approche et des outils adaptés, même si la plupart peuvent être conduits avec le même fil conducteur méthodologique.

À SAVOIR

En matière de démarche de conduite de projet, il convient d'éviter d'utiliser des modes de description a priori, ou des solutions toutes faites, mais de se fixer un mode d'approche précis qui guide bien l'action sur le terrain et d'optimiser sa démarche et ses outils d'analyse en fonction des difficultés rencontrées et des buts visés.

En outre, un projet existe rarement seul et isolé. Tout projet se place en concurrence avec les activités courantes de l'entreprise et impose des contraintes et des rythmes inhabituels. Il apparaît ainsi souvent perturbant pour le reste de l'entreprise. C'est également le cas au niveau individuel, à l'exception près des personnels intégralement dédiés au projet. La participation de cette population, les « sollicités », souvent essentielle au bon déroulement du projet, ou à sa pertinence (adéquation aux besoins des utilisateurs, etc.), ne va pas de soi. C'est tout particulièrement le cas des fonctions support de l'entreprise pour lesquelles il nous paraît utile de procéder à une analyse, rarement faite, des facteurs de risques et modes de gestion de ces risques du point de vue des projets.

À SAVOIR

Aujourd'hui, les risques et leur mise sous contrôle ont pris une dimension énorme dans toute activité et notamment dans la conduite de projet.

Tout projet comporte donc des risques. Cependant, cette vidence ne se traduit pas assez par une identification et un pilotage de ces derniers. En matière de risques, on devrait trouver dans tout projet :

- un portefeuille des risques suivi par une instance appropriée ;
- un dispositif de veille permettant l'identification des risques avant qu'ils ne surviennent ;
- une évaluation régulière par des personnes expérimentées de la probabilité et de la gravité des risques internes et externes identifiés ;
- un plan d'action formalisé et des scénarios alternatifs en fonction des risques majeurs répertoriés.

UN OUVRAGE EN TROIS PARTIES

En plus de vingt ans de pilotage de projets à forte dominante informatique et conduite du changement, nous avons publié de nombreux ouvrages et articles sur les différentes composantes de la conduite du projet. Régulièrement, nous avons formalisé ce qui nous semblait être les meilleures réponses du moment afin de les transmettre au plus grand nombre… C'est la raison pour laquelle cet ouvrage nous semble vraiment d'actualité. Il se compose de trois parties.

La première partie présente la démarche générale de mise sous contrôle des risques d'un projet.

Pour sa part, la deuxième présente les risques spécifiques et dispositifs de contrôle appropriés aux cinq phases chronologiques composant tout projet, ainsi qu'à la phase d'avant-projet.

La troisième partie, enfin, présente les risques spécifiques et dispositifs de contrôle appropriés aux huit processus supports de tout projet.

Tout au long de cet ouvrage, de nombreux exemples illustrent les risques les plus courants pouvant être rencontrés dans la conduite de projet ainsi que les Dispositifs de Maîtrise des Risques les plus appropriés. Ces exemples de projets, de différente nature et se déroulant dans des pays variés, témoignent également que les bonnes pratiques en matière de conduite de projet n'ont en définitive pas tellement évolué depuis les pyramides d'Égypte…

Pour les lecteurs à la recherche de démarches spécifiques et d'outils techniques, nous conseillons la lecture de nos ouvrages *Piloter un projet d'organisation*, *Pratiquer la conduite de projet*, *Comment manager un projet* ou encore *Conduire un projet dans le tertiaire*. Pour les lecteurs confrontés au management des équipes projets et des experts sollicités ainsi que des contraintes d'acceptation du changement par les bénéficiaires du projet, nous conseillons la lecture de notre ouvrage *Manager une équipe projet*. Enfin, pour les lecteurs souhaitant approfondir les concepts de maîtrise des risques, nous conseillons la lecture de notre ouvrage *Contrôle interne des risques* (voir page xx).

PARTIE 1

LA DÉMARCHE GÉNÉRALE DE MISE SOUS CONTRÔLE DES RISQUES D'UN PROJET

« Se réunir est un début, rester ensemble est un progrès, travailler ensemble est la réussite. »

Henry Ford

Un projet comporte de nombreux risques pour lesquels il est nécessaire de se prémunir. Cela nécessite la mise en place d'un Dispositif de Maîtrise des Risques dès la phase d'étude préalable et jusqu'au bilan final du projet.

Phase 1
Identification des risques

Phase 2
Évaluation de la criticité des risques

Phase 3
Évaluation de l'efficacité du Dispositif
de Maîtrise des Risques

Phase 4
Détermination des plans d'action en vue de
renforcer le Dispositif de Maîtrise des Risques

Phase 5
Suivi du portefeuille de risques

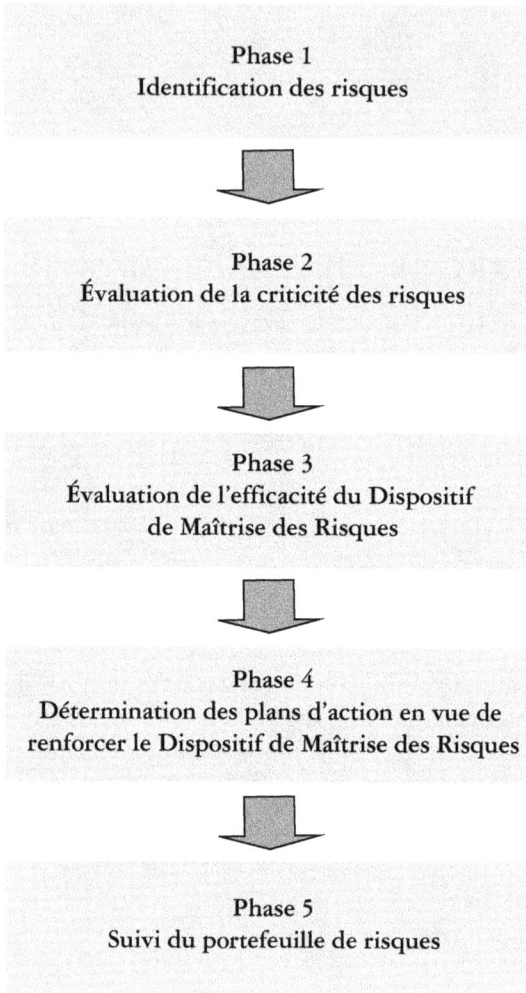

La démarche de conception et déploiement d'un dispositif de maîtrise des risques.

La Banque céréalière, Niger [1]

À Amirou Gatta (825 habitants), l'un des six villages du département de Ouallam (région de Tillabéry), au Niger, où SOS Sahel conduit un programme d'appui au renforcement des capacités pour la sécurité alimentaire et la lutte contre la pauvreté, une première banque céréalière vient d'ouvrir ses portes. Elle est gérée par un groupement de 45 femmes, dénommé Biné Kani. Le coût de ce programme, baptisé Tilla 2, s'élève à 755600 euros sur trois ans (2007-2009). Il est financé à 75 % par l'Union Européenne (UE) et à 25 % par des donateurs particuliers. Situé dans une zone, au nord-ouest du Niger, où la pluviométrie est tombée, depuis la fin des années 1980, de 400 à moins de 300 millimètres par an, il s'adresse plus particulièrement aux femmes et porte notamment sur l'amélioration de la sécurité alimentaire par la construction de nouveaux forages, la création de banques céréalières, de boutiques d'intrants, de champs-écoles (où l'on apprend à comparer les rendements des différentes variétés de céréales et à diversifier la production de légumes), le développement de l'embouche et du petit commerce, l'amélioration de l'hygiène publique (latrines, gestion des puits), la restauration des sols et la reforestation. Grâce à la constitution de comités villageois, qui, avec l'aide d'animateurs de terrain recrutés par SOS Sahel, élaborent leurs propres plans de développement, Tilla 2 vise plus généralement à la prise en charge des citoyens par eux-mêmes. Une banque céréalière est d'abord un bâtiment communautaire, construit par les habitants du village et dont le toit a été monté par SOS Sahel, pour protéger les céréales des intempéries et des animaux nuisibles. En juillet 2008, l'association nigérienne a fourni un stock de six tonnes de mil et de sorgho pour permettre aux habitants d'Amirou Gatta de se nourrir pendant la période dite de « soudure », qui précède l'hivernage, en juillet-août, et la saison des récoltes. Les céréales sont vendues par les responsables du groupement féminin au prix de 125 francs CFA (20 centimes d'euro) la mesure, soit le contenu d'une boîte de conserve de 800 grammes, ou de 150 francs CFA pour les familles non-membres du groupement. Début octobre, il ne restait plus que 400 kg de sorgho sur le stock initial, mais les femmes venaient de faire leurs premières acquisitions au prix de 100 francs CFA la mesure. Au moment de la récolte, les prix baissant, c'est le moment d'acheter pour reconstituer et même augmenter le stock de céréales qui servira au printemps, lors de la prochaine soudure. Mais comme en 2008 la récolte a été légèrement meilleure que l'année précédente, Amadou Gado, l'un des responsables de SOS Sahel, a vive-

---

1. Source : www.sossahel.org.

ment conseillé aux femmes du groupement de convoquer une assemblée générale du Comité Villageois de Développement (CVD) pour ratifier un prix d'achat des céréales autour de 75 ou 80 francs CFA la mesure, afin d'augmenter les bénéfices. L'apprentissage, en somme, de la spéculation… L'utilisation des bénéfices de la banque est laissée à l'appréciation du groupement : redistribution éventuelle aux membres qui le composent ou, plus vraisemblablement, reversement au CVD, qui rassemble l'ensemble des groupements de la communauté villageoise, pour financer de nouveaux projets (achat de petit matériel agricole ou d'intrants, embouche de moutons, amélioration de l'accès à l'eau potable, etc.). Cinq autres banques céréalières devraient être construites dans le département de Ouallam, d'ici à la fin 2009. Grâce à l'aide apportée par SOS Sahel dans le cadre de précédents projets, il en existe déjà plusieurs dizaines d'autres dans les deux autres départements de la région de Tillabéry, Tera et Filingué.

Carte du Niger

• Risques majeurs du projet Banque céréalière :

Risque de conduite du changement : évolution du rôle joué par les femmes dans une culture plutôt masculine.

Risque humain : intérêt collectif avant intérêts individuels.

Risque d'information : maîtrise de l'information concernant les marchés céréaliers par les groupes locaux ;

Risque organisationnel : organisation des groupements et capacité de gestion des responsables de la banque céréalière.

• Dispositif de Maîtrise des Risques du projet Banque céréalière :

– accompagnement des femmes pendant une longue période ;

– travail sur la répartition des rôles entre hommes et femmes ;

– qualité des personnes sélectionnées localement ;

– appropriation du projet par les populations ;

– capitalisation forte sur les premiers résultats.

Phase 0

Préalables à la mise en œuvre
de la démarche

Qu'est-ce qu'un risque ?

Parallèle à la prise de décision, la gestion du risque consiste à évaluer et anticiper les risques et à mettre en place un système de surveillance et de collecte systématique des données pour déclencher les alertes. La science qui étudie le risque se nomme « *cindynique* ».

> ### À SAVOIR
>
> Le médecin, physicien et mathématicien suisse Daniel Bernoulli apporte en 1738 dans *Specimen theoriae novae de mensura sortis* la première définition scientifique du mot risque : « Le risque est l'espérance mathématique d'une fonction de probabilité d'événements ».

En termes plus simples, il s'agit de la valeur moyenne des conséquences d'événements affectés de leur probabilité. Ainsi, un événement $e1$ a une probabilité d'occurrence $p1$ avec une conséquence probable $C1$; de même, un événement en aura une probabilité pn et une conséquence Cn, alors le risque r vaudra $(p1 \times C1)$ + $(p2 \times C2)$ + ... + $(pn \times Cn)$. Le produit $(pi \times Ci)$ est appelé valeur de l'aléa i.

Cette définition implique, pour le calcul du risque, la connaissance d'une suite statistique d'événements ou pour le moins une estimation approchée ou subjective des diverses plausibilités (probabilités supposées) et des conséquences des aléas imaginés, lorsque l'on ne dispose par d'historiques d'événements et que malgré cela on souhaite évaluer un risque. Pour prendre une métaphore tirée de la physique, le risque apparaît comme le centre de gravité des conséquences des événements, donc des aléas. On notera avec intérêt que le risque est la somme des aléas et que le produit de la fréquence et de la gravité souvent évoqué ne représente nullement le risque, mais seulement la valeur d'un aléa déterminé.

À SAVOIR

Le risque est une perte potentielle, identifiée et quantifiable (enjeux), inhérente à une situation ou une activité, associée à la probabilité de l'occurrence d'un événement ou d'une série d'événements.

Il s'oppose à l'incertitude — non quantifiable — et au danger moins identifiable, encore moins quantifiable.

TROIS CONCEPTS

Le risque est traditionnellement formalisé à partir de trois concepts : le facteur de risque (péril, danger, etc.), la criticité et la vulnérabilité.

La notion de « facteur de risque »

Quelquefois appelé « péril » ou « danger », c'est un élément présent susceptible de causer un risque, c'est-à-dire la survenance de l'accident. Par exemple, abuser dans sa consommation d'alcool avant de prendre le volant augmente fortement la probabilité d'un accident ; travailler sur un échafaudage peut dans le même ordre d'idée provoquer une chute de hauteur.

Les facteurs de risque se qualifient par leur domaine — humain, culturel, matériel, technique (risque toxique, thermique, d'explosion…), juridique, etc. — ou leur point d'application — le projet lui-même et l'organisation au sein de laquelle il va s'insérer. Ils se quantifient en niveau d'incertitude et/ou de complexité.

La notion de « criticité »

C'est la combinaison de l'impact (ou effet ou gravité) et de la probabilité d'un risque (AFNOR), évaluée souvent sur une échelle de 1 à 4. La criticité est liée à l'intensité de l'accident (ou gravité ou sévérité) lorsque celui-ci se produit.

La notion de « vulnérabilité »

Elle se caractérise par les pertes induites par la réalisation d'un événement aléatoire frappant une ressource de l'entreprise. La vulnérabilité est identifiée par trois paramètres : l'objet du risque, ses causes (facteurs de risque, périls) et ses conséquences (son impact potentiel). C'est donc un concept plus englobant que celui de criticité.

La survenance d'un accident est donc le résultat d'une combinaison de facteurs de risque, dont les criticités deviennent telles qu'elles engendrent une forte vulnérabilité conduisant à l'accident. Un accident de voiture pourra se produire pour un conducteur qui a bu de l'alcool, en présence d'un camion, sur une route dangereuse, alors qu'il pleut (quatre facteurs de risque), la probabilité et l'impact de l'accident étant d'autant plus forts que la dose d'alcool absorbée par le conducteur était importante, le camion puissant et lourd, la route sinueuse et sans visibilité, et la pluie battante (criticités).

Une difficulté dans la gestion du risque provient du fait que l'événement concerné (le dommage) se situe dans le futur. De cette notion d'avenir dérivent les notions de probable, de possible, de potentiel et parfois des risques émergent. Si la nature fournit les idées les plus immédiates de risques, l'homme est lui-même producteur de nouveaux facteurs de risques (industriels, sanitaires, toxicologiques, écologiques, militaires, etc.).

À SAVOIR

Le risque prend une dimension différente selon l'horizon temporel considéré. Par exemple, le risque de disparition de notre soleil prend une toute autre importance selon que l'on se situe dans un avenir proche (il fera très probablement jour demain) ou un avenir lointain (le soleil va finir en naine rouge qui englobera la Terre et disparaître de manière quasi certaine.

Appréciation des risques : une affaire de prospective ou de rétrospective ?

L'intérêt de l'analyse dépend tout d'abord de la vision déterministe (l'avenir est écrit) ou non (nous pouvons influer de par notre volonté sur le futur) du futur qui influe sur notre capacité d'action face au risque.

« Prévoir » le futur imposerait de disposer de modèles fiables. Forcément réducteurs, ceux-ci privilégient certains aspects par rapport à d'autres et entraînent donc des comportements différents selon les hypothèses choisies. Par exemple, la gestion des risques professionnels dans une entreprise aboutit à des priorités différentes selon qu'on la traite par un modèle économique (diminuer le nombre et le coût des accidents) ou humain (empêcher les accidents handicapants ou mortels).

L'incertitude, sans ces modèles, se gère par l'élaboration de scénarios. Dans une approche déterministe, on élaborera donc un modèle qui cherchera à décrire au mieux l'enchaînement des événements et si possible de les prévoir. La gestion des hypothèses vise à réduire la complexité de la tâche en éliminant les cas les plus improbables. Il demeure cependant une large part d'incertitude.

À SAVOIR

L'une des difficultés dans la gestion du risque est due au fait que le degré d'exposition et donc la conséquence néfaste sont souvent incertains, et que notre propre connaissance ou ignorance de ce risque influe sur sa probabilité.

Par exemple, la présence d'un panneau de signalisation routière indiquant un virage dangereux suffit parfois à diminuer fortement, voire supprimer les accidents dans ce virage.

De plus, une fois le risque évité, et même si l'on est sûr qu'il existait des causes bien réelles de risque pour une multiplicité d'organisations, il n'est pas évident que la réalité du risque soit reconnue *a posteriori* s'il n'y a pas eu de conséquence dommageable pour la société civile. Ainsi, dans notre précédent exemple, l'absence d'accident peut amener à contester l'intérêt du panneau puisque « aucun accident ne s'y produit », voire à le supprimer.

À SAVOIR

Même si le risque comporte des caractéristiques statistiques, le réduire à cette dimension peut être trompeur. Une telle approche peut faire oublier des facteurs déterminants de son apparition, ainsi que le contexte nécessaire pour transformer un risque en accident.

Certaines configurations de l'environnement (par exemple, une falaise au-dessus de la mer) peuvent provoquer des situations dangereuses (par exemple se trouver en hauteur au-dessus de la mer). Ces situations dangereuses débouchent sur des risques (par exemple un risque important de tomber et de se tuer). La réalisation de ce risque (l'accident) reste néanmoins potentielle et non avérée. D'une part, la focalisation sur la réalisation ou la non-réalisation des risques peut donner l'impression que la situation ne va pas se dégrader (impression de sécurité), d'autre part, cela rend difficile la prévision de l'accident : il faut imaginer un événement qui n'aura peut-être jamais lieu.

Pour ce genre de risque quasiment non mesurable, concernant un danger potentiel contre lequel il est difficile de se prémunir, on préférera l'appellation d'incertitude. Le principe de précaution peut s'appliquer à des situations où les données scientifiques manquent pour qualifier la hauteur ou la nature du danger, par exemple pour une maladie émergente ou une situation nouvelle (exemple : OGM cultivés en plein champs).

De fait, une personne n'est pas nécessairement consciente qu'elle prend un risque (c'est tout particulièrement le cas du jeune enfant). À l'inverse, elle peut croire qu'il existe un risque, alors qu'il n'y a aucun danger. Ou bien encore, elle peut percevoir derrière l'appellation d'un risque potentiel des dangers sans rapport avec le risque réel. Par exemple, on a vu, lors du passage informatique à l'an 2000, beaucoup de personnes s'imaginer que, à cause du bogue présumé, les avions risqueraient de tomber le 1er janvier, les ascenseurs de ne plus fonctionner, etc. Or, en réalité, le risque se situait essentiellement dans le domaine de l'informatique de gestion, et plus précisément dans les *mainframes*, la micro-informatique, le Web, les puces étant peu affectées. Le risque était global — une désorganisation générale de l'économie — et pouvait se manifester à d'autres moments que le 1er janvier 2000…

On voit à quel point la perception du risque peut être entravée ou amplifiée par des facteurs subjectifs, propres à chaque être humain, et même par des facteurs culturels ou conjoncturels propres à des communautés humaines.

À SAVOIR

Il est fondamental, pour bien percevoir, identifier et évaluer les risques sur le plan collectif, de ne pas omettre un facteur de risque. La dimension psychologique (au niveau individuel) ou culturelle (au niveau collectif) ne doit pas être sous-estimée, car la façon de voir les choses est parfois très différente d'un individu ou d'un groupe à un autre, et peut à ce titre aveugler ces derniers par rapport à certains types de risques. Lorsque les mêmes biais cognitifs se répètent pour les individus d'une même communauté et au sein de divers groupes, cela aboutit à un biais culturel, qui amplifie le facteur de risque.

LOCALISATION

Un facteur de risque peut être localisé selon son origine. On distingue l'origine endogène et l'origine exogène.

Le premier est généré par l'organisation elle-même ou à l'intérieur du périmètre qu'elle contrôle (par exemple, un incendie prenant naissance dans les locaux de l'entreprise).

Le second est généré à l'extérieur du périmètre de contrôle de l'entreprise (par exemple, une grève avec occupation dans un établissement voisin, bloquant l'accès de la zone industrielle où se trouve implantée l'entreprise).

Cinq natures de risque

Le facteur de risque peut être de différents types. On en distingue habituellement cinq : économique, naturel, opérationnel, humain et systématique.

Ainsi, le risque économique provient d'une variation brutale d'un paramètre économique touchant l'environnement de l'organisation.

Quant au risque naturel, il résulte des forces de la nature (tempête, tremblement de terre, sécheresse, inondation) — même si l'on parle quelquefois d'origine anthropique de nos jours pour qualifier la recrudescence des accidents climatiques, ou d'inondations, sécheresses, phénomènes d'érosion ou de glissements de terrain induites par le drainage et la modification du paysage et des écosystèmes par l'agriculture et/ou l'urbanisme.

Le risque opérationnel, lui, ne résulte pas directement d'un acte humain, mais d'activités productives développées par lui, qui correspondent alors à des risques d'accident sur des installations techniques.

Pour sa part, le risque humain est déclenché par l'action de l'homme (par exemple, un incendie dans un entrepôt à la suite d'un accident).

Enfin, le déclenchement du risque systémique est dû à l'interaction des différents composants des écosystèmes (exemples : une réaction chimique lente ou violente, un krach boursier, etc.).

Dans la réalité, un risque provient toujours d'une combinaison de ces types de phénomènes, et comporte nécessairement une dimension culturelle difficilement classable.

Les spécificités du risque humain

Quand le risque est de nature humaine, on distingue alors le risque involontaire et le risque volontaire.

Le premier correspond à une erreur consécutive à la fatigue ou à un biais cognitif, d'une omission, ou d'un acte provoqué par autrui avec une intention malveillante (mauvaise transmission d'information, etc.).

Le risque volontaire et conscient, de la part d'un homme ou d'un groupe humain, permet de distinguer par exemple le type « petit malin » et le type « *malveillant* ».

Le « petit malin » désigne une action en apparence légitime, qui modifie le système pour le rendre plus performant à court terme, mais qui omet de documenter selon les procédures qualité en vigueur, de sorte que les équipes suivantes sont inconscientes du danger, ou bien encore qui néglige plus ou moins volontairement un problème (exemple : bogue de l'an 2000). Il peut s'agir aussi de raisonnements fallacieux (volontaires).

Quant au type « malveillant », il peut s'agir d'une intention de nuire, volonté de s'approprier les biens d'autrui, agression verbale, consécutive à des biais cognitifs ou à des raisonnements fallacieux, etc. Il s'agit en principe d'actes illégaux, incluant le terrorisme.

Une recherche difficile

La recherche de facteurs de risques s'avère difficile, car elle présente des complexités multiples.

– Il existe pour chaque cas traité une infinité de facteurs de risques ; les chercher tous représente donc une tâche de durée infinie.

– La pertinence d'un risque est d'une part une question de sensibilité, d'appréciation individuelle et de croyance, d'autre part polluée par de nombreux facteurs externes.

– Il existe parfois des interactions fortes et indissociables entre les facteurs de risques, qu'il est parfois difficile d'appréhender.

Le facteur humain peut évidemment comporter une dimension culturelle importante, qui se manifeste par différents biais cognitifs ou raisonnements fallacieux ou erronés.

CULTURE : DES RISQUES CARACTÉRISTIQUES

Le contexte culturel du projet est porteur de risques caractéristiques. En effet, la culture est une « programmation mentale collective » : c'est cette partie de notre conditionnement que nous partageons avec les autres membres de notre nation, de notre région, de notre groupe, mais non avec d'autres nations, d'autres régions ou d'autres groupes. On distingue trois niveaux de programmation mentale : le niveau universel qui touche l'humanité, le niveau collectif qui concerne un groupe plus restreint de personnes appartenant à un même groupe et le niveau individuel. Si les niveaux universel et individuel sont considérés comme héréditaires, le niveau collectif est entièrement acquis.

L'imprégnation des programmes mentaux collectifs s'opère durant toute notre vie. Mais, comme la majeure partie de ceux-ci concerne les comportements fondamentaux de la vie, nous avons tendance à les apprendre dès notre enfance ; ils n'en sont que plus facilement et durablement appris. Notre programmation mentale est constituée par un élément clé : nos valeurs collectives (ou « système de valeurs ») qui possèdent une direction (« bon » ou « mauvais ») et une intensité (importance « faible » ou « forte »).

La culture est donc ce qui permet de différencier les membres d'un groupe des membres d'un autre groupe. Elle comprend la famille, les systèmes d'éducation, la législation et la politique. La culture d'un pays détermine implicitement un modèle spécifique de management… et également de conduite des projets et de mise sous contrôle des risques.

À SAVOIR

Cette découverte, qui remonte au début des années 1970, a remis en cause les théories du management largement répandues à l'époque, basées sur un principe de convergence des cultures vers un modèle unique.

Il existe, dans les sociétés, des mécanismes qui permettent de maintenir la stabilité de la culture pendant de nombreuses générations. C'est ainsi qu'une culture ne peut être modifiée que très lentement de l'intérieur mais en revanche plus rapidement de l'extérieur par les forces de la nature (changement de climat) ou par l'homme (conquête, colonisation, découverte scientifique, commerce, etc.).

La façon la plus efficace de modifier la programmation mentale des individus consiste à changer tout d'abord leur comportement.

L'étude Hermès

Dans les années 1960, IBM développe des produits de haute technologie dans sept pays, les produits dans treize et les vend et les entre-
tient dans plus de cent. Afin de mieux comprendre son personnel au
niveau mondial, IBM réalise en 1967-1970, puis de nouveau en 1971-
1973, une série d'enquêtes sur les valeurs du personnel de ses filiales.
La banque de données ainsi créée, qui comprendra
116000 questionnaires, a été utilisée par Geert Hofstede, socio-
psychologue néerlandais, pour une étude comparée des différences
de programmation mentale en fonction de la nationalité des individus
(étude « Hermès »). Les résultats ont depuis été validés par des
dizaines d'autres études. Un des résultats de cette étude, parue en
France en 1987 sous le titre « Les différences culturelles dans le management, comment chaque pays gère-t-il ses hommes ? », fut la mise
en évidence de quatre critères permettant une comparaison des
cultures nationales : la distance hiérarchique, le contrôle de l'incertitude, l'individualisme et la masculinité.

* Risques majeurs de l'étude Hermès :

Risque statistique : taille de l'échantillon pour avoir une population
représentative.

Risque culturel : influence de la culture des observateurs ; poids de
la pensée dominante et notamment du principe de convergence des
cultures vers le modèle anglo-saxon…

* Dispositif de Maîtrise des Risques de l'étude Hermès :

– une enquête mondiale ;

– une démarche scientifique ;

– une approche de l'interculturel dénuée de jugements de valeur.

LA DISTANCE HIÉRARCHIQUE

Étienne de La Boétie énonçait en 1548 dans son *Discours sur la
servitude volontaire* : « *Un tyran n'a d'autres pouvoirs que ceux qui
lui sont donnés par le peuple.* » Il avait déjà tout compris de la notion
de distance hiérarchique…

Quand les individus acceptent les inégalités, la culture est alors qualifiée de « distance hiérarchique élevée ». Dans le cas contraire, elle sera
qualifiée de « distance hiérarchique courte ». Si l'inégalité entre les individus est une constante de l'histoire de l'Humanité, il apparaît que,
dans certaines cultures, celle-ci est acceptée, ou plutôt combattue.

Comment repérer un pays à « distance hiérarchique courte » ?

Les pays à « distance hiérarchique courte » peuvent s'identifier par les caractéristiques suivantes :

- réduction des inégalités dans la société recherchée ;
- hiérarchie signifiant que l'inégalité des rôles n'est établie que par commodité ;
- subordonnés considérant leurs supérieurs comme leurs égaux ;
- supérieurs facilement accessibles ;
- utilisation du pouvoir et de la force légitimes uniquement pour faire le bien et non le mal ;
- droit primant sur la force ;
- tous les hommes ont les mêmes droits ;
- ceux qui détiennent le pouvoir essayent de paraître moins puissants qu'ils ne le sont ;
- existence d'une harmonie entre ceux qui ont le pouvoir et ceux qui ne l'ont pas ;
- participation entre les gens sans pouvoir basée sur la solidarité ;
- gouvernements alternant selon les résultats de votes majoritaires ;
- pas de changement brusque dans la forme du gouvernement (évolution dans la stabilité) ;
- gouvernement souvent formé par des partis défendant l'égalité des hommes ;
- système fiscal ayant pour objectif la redistribution de la richesse ;
- existence de syndicats libres recherchant des solutions pratiques ;
- religions poussant à l'égalité dominantes ;
- idéologies constituant des contrepoids au pouvoir préférées ;
- organisation de type pyramidal aplati ;
- encadrement peu nombreux.

Voici lisques spécifiques aux pays à « distance hiérarchique courte »
en matière de conduite de projet et le DMR correspondant :

Risques	DMR
Confusion des rôles dans le projet.	Organisation de projet précisant bien les rôles de chaque partie prenante.
Lenteur dans la prise de décision.	Dispositif de prise de décision organisé (consensus ou à la majorité).
Lenteur liée à la prise en compte de toutes les parties prenantes du projet : utilisateurs, riverains, contribuables, syndicats, environnement.	Démarche de conduite de projet structurée.

Comment repérer un pays à « distance hiérarchique longue » ?

Les pays à « distance hiérarchique longue » peuvent s'identifier par
les caractéristiques suivantes :

- inégalités considérées comme naturelles ;
- ceux « d'en haut » protégés par cet ordre ;
- hiérarchie considérée comme une inégalité naturelle ;
- seules quelques personnes sont complètement indépendantes, la plupart des gens dépendant d'autres personnes ;
- subordonnés considérant leurs supérieurs comme une catégorie de gens à part ;
- supérieurs inaccessibles ;
- pouvoir considéré comme la base de toutes les sociétés, antérieur au bien et au mal dont la légitimité ne se discute pas ;
- force primant sur le droit ;
- les détenteurs du pouvoir ont le droit d'avoir des privilèges ;
- ceux qui détiennent le pouvoir doivent apparaître aussi puissants que possible ;
- la meilleure façon de changer un système social : renverser ceux qui détiennent le pouvoir ;

- conflit latent entre ceux qui ont le pouvoir et ceux qui ne l'ont pas ;
- participation entre des personnes sans responsabilité hiérarchique difficile à obtenir à cause de leur manque de confiance les unes envers les autres ;
- gouvernements autocratiques ou oligarchiques ;
- changements brusques dans la forme de gouvernement (révolution ou instabilité) ;
- système fiscal protégeant la richesse ;
- syndicats ayant une base idéologique et politique ;
- religions permettant des stratifications dominantes ;
- idéologies magnifiant le pouvoir préférées ;
- tendance à la centralisation ;
- organisation de type pyramidal pointue avec beaucoup de niveaux ;
- encadrement nombreux.

Voici les risques spécifiques aux pays à « distance hiérarchique longue » en matière de conduite de projet et le DMR correspondant :

Risques	DMR
Organisation de projet trop « hiérarchique ».	Démarche de conduite de projet précisant les rôles du sponsor, de la maîtrise d'œuvre et de la maîtrise d'ouvrage.
Lenteur de la prise de décision par un excès de niveaux.	Démarche de conduite de projet précisant les responsabilités des instances de décision.
Acceptation de dommages collatéraux dans les solutions choisies : écologie, certaines parties prenantes, etc.	Dispositif d'assurance qualité.
Faible participation des parties prenantes.	Démarche de conduite de projet identifiant les parties prenantes à impliquer a minima.

LE CONTRÔLE DE L'INCERTITUDE

Nous vivons dans l'incertitude de ce qui va arriver et en sommes parfaitement conscients. Ce phénomène créé dans l'esprit de l'homme une anxiété souvent intolérable.

À SAVOIR

Les sociétés à fort contrôle de l'incertitude ont des institutions qui cherchent la sécurité et donc à éviter les risques.

La sécurité peut être créée de trois manières : la technologie, les règles juridiques et la religion. Sur un plan général, on peut dire que l'acceptation de l'incertitude génère un comportement de liberté, alors que le refus de l'incertitude a plutôt tendance à générer un comportement totalitaire.

Comment repérer un pays à « faible indice de contrôle de l'incertitude » ?

Les pays à « faible indice de contrôle de l'incertitude » peuvent s'identifier par les caractéristiques suivantes :

- faible niveau d'anxiété dans la population ;
- acceptation de la vie au jour le jour ;
- faible tension nerveuse dans le travail ;
- changement ne créant pas d'émotion ;
- moyenne d'âge plutôt basse aux postes clés de décision ;
- chefs sélectionnés sur d'autres critères que l'ancienneté ;
- besoin de réalisation personnelle fort ;
- espoir de réussite ;
- prise de risques personnels ;
- forte ambition d'avancement personnel ;
- carrières de décideurs préférées aux carrières d'expertise technique ;

- chef n'ayant pas besoin d'être un expert pour diriger le projet ;
- structures hiérarchiques pouvant ne pas être respectées pour des raisons pratiques ;
- directives générales préférées ;
- règles de l'entreprise pouvant être violées pour des raisons pragmatiques ;
- concurrence loyale entre les employés ;
- sympathie pour les décisions individuelles et péremptoires ;
- délégation complète possible à des subordonnés ;
- concessions possibles à ses adversaires ;
- chefs pouvant être des étrangers ;
- beaucoup de gens prêts à vivre à l'étranger ;
- travailler avec acharnement n'est pas en soi une vertu ;
- conflits et concurrence pouvant être maintenus au niveau du jeu et utilisés constructivement ;
- acceptation de ceux ayant un avis contraire ;
- différence non considérée comme une menace ;
- grande tolérance ;
- jeunes encouragés ;
- acceptation à prendre des risques dans la vie ;
- attrait pour le relativisme et l'empirisme ;
- besoin du moins de règles possibles ;
- croyance dans les généralistes et le bon sens.

Voici les risques spécifiques à la culture « faible indice de contrôle de l'incertitude » en matière de conduite de projet et le DMR correspondant :

Risques	DMR
Organisation de projet informelle.	Démarche de conduite de projet précisant les responsabilités des acteurs.
Recherche de solutions de façon non structurée.	Utilisation de techniques de brainstorming et de benchmarking d'une façon organisée.
Mobilisation difficile des équipes pour les longs projets.	Dispositif de motivation.

Comment repérer un pays à « indice élevé de contrôle de l'incertitude » ?

Les pays à « indice élevé de contrôle de l'incertitude » peuvent s'identifier par les caractéristiques suivantes :

- haut niveau d'anxiété dans la population ;
- grande inquiétude à propos du futur ;
- beaucoup de tension nerveuse dans le travail ;
- changement créant des émotions ;
- aux postes clés de décision, la moyenne d'âge est plutôt élevée : c'est la gérontocratie ;
- chefs sélectionnés surtout d'après leur ancienneté ;
- besoin de réalisation personnelle faible ;
- crainte de l'échec ;
- absence de prise de risques personnels ;
- faible ambition d'avancement individuel ;
- carrières d'expertise technique préférées aux carrières de décideurs ;
- chef devant être un expert du domaine qu'il dirige ;
- structures hiérarchiques d'une organisation devant être claires et respectées ;
- instructions claires et précises préférées ;

- règles de l'entreprise ne devant pas être violées ;
- concurrence entre employés désapprouvée au plan émotionnel ;
- recours au consensus idéologique, préférence pour un commandement consultatif ;
- contrôle des initiatives en cas de délégation à des subordonnés ;
- absence de concessions à ses adversaires ;
- étrangers n'étant non reconnus comme chefs ;
- peu de gens prêts à vivre à l'étranger ;
- le temps, c'est de l'argent ;
- conflits et concurrence pouvant dégénérer en agression et, de ce fait, devant être évités ;
- opinions qui font l'unanimité encouragées ;
- opinions et personnes non conformes dangereuses ;
- penchant pour l'intolérance ;
- jeunes suspectés ;
- grand souci pour maintenir la sécurité dans la vie ;
- valeurs et vérités absolues et fondamentales ;
- besoin de règles écrites et de lois ;
- croyance dans les experts et leur savoir spécialisé.

Voici les risques spécifiques à la culture « indice élevé de contrôle de l'incertitude » en matière de conduite de projet et le DMR correspondant :

Risques	DMR
Projets de changement considérés comme des dangers.	Dispositif d'accompagnement du changement.
Faible participation spontanée aux projets.	Démarche de conduite de projet précisant les acteurs concernés.
Conduite du changement longue.	Dispositif d'accompagnement du changement.
Organisation de projet basée sur la légitimité de la connaissance et l'expérience liée au passé.	Recours à des intervenants externes afin d'élargir le prisme du possible.

L'INDIVIDUALISME

Si l'on observe les différents types de sociétés humaines existant à travers le monde, on constate de profondes différences dans le domaine de la vie communautaire. Suivant les pays, les hommes n'ont pas la même manière de vivre ensemble. Notamment la vie familiale, qui façonne l'individu jour après jour, n'est pas la même partout. Les sociétés humaines différent donc entre elles, dans la relation que les individus entretiennent avec les autres membres de la collectivité.

À SAVOIR

D'une manière générale, les sociétés communautaires valorisent le temps passé pour le groupe (qui peut être l'entreprise), tandis que les sociétés individualistes valorisent le temps passé par les individus pour leur vie personnelle.

Comment repérer un pays à « mentalité communautaire » ?

Les pays à « mentalité communautaire » peuvent s'identifier par les caractéristiques suivantes :

- relations des individus dans l'organisation sur une base morale ;
- salariés s'attendant à ce que l'entreprise s'occupe d'eux comme cela se fait dans une famille ; sinon, désintérêt de la vie de l'entreprise ;
- entreprises ayant une grande influence sur le bien-être des salariés ;
- salariés s'attendant à ce que l'entreprise défende leurs intérêts ;
- vie de l'entreprise reposant sur la loyauté et le sens du devoir ;
- promotion de l'intérieur, uniquement ;
- promotion à l'ancienneté ;
- managers ne se sentant pas concernés par la mode et les idées nouvelles en matière de gestion ;
- décisions prises en fonction des relations personnelles des responsables des entreprises (particularisme).

Voici les risques spécifiques à la culture « communautaire » en matière de conduite de projet et le DMR correspondant :

Risques	DMR
Organisation prenant en compte les intérêts du groupe avant le reste du monde.	Démarche de conduite de projet incluant une analyse en termes d'impacts.
Décisions prises à l'intérieur du groupe sans prise en compte des parties prenantes hors groupe.	Démarche de conduite de projet incluant des méthodes de prise de décision prenant en compte les impacts des choix.
Tendance à choisir des solutions déjà éprouvées même si elles ont montré leurs limites.	Utilisation d'outils de type benchmark afin d'élargir le champ du possible.

Comment repérer un pays à « mentalité individualiste » ?

Les pays à « mentalité individualiste » peuvent s'identifier par les caractéristiques suivantes :

- relations des individus dans l'organisation sur la base d'un calcul personnel ;
- salariés ne souhaitant pas que l'entreprise s'occupe d'eux du berceau à la tombe ;
- entreprises ayant une faible influence sur le bien-être des salariés ;
- salariés sachant qu'ils ne devront compter que sur eux-mêmes pour défendre leurs intérêts ;
- vie de l'entreprise reposant sur l'initiative personnelle ;
- promotion indifféremment de l'intérieur ou de l'extérieur ;
- promotion selon la compétence et la valeur marchande de l'individu ;
- managers se tenant au courant des dernières idées à la mode et essayant de les mettre en pratique ;
- décisions prises de façon identique à l'égard de tous (universalisme).

Voici les risques spécifiques à la culture « individualiste » en matière de conduite de projet et le DMR correspondant :

Risques	DMR
Organisation de projet souvent accaparée par des personnes ambitieuses par calcul personnel.	Démarche de conduite de projet formalisant les rôles des acteurs.

La masculinité

La répartition sexuelle des rôles ne se fait pas de la même façon dans toutes les sociétés. À la base se trouvent des faits biologiques : les femmes portent les enfants, puis les nourrissent. Pour cette raison, généralement, elles continuent à les soigner et les élever, vivre et travailler avec eux. Les hommes, quant à eux, dans les cultures primitives, s'occupent généralement de la chasse et de la guerre. De cette structure biologique découle une structure sociale dans laquelle la femme assure les travaux domestiques, pendant que l'homme s'affaire à des travaux économiques, voire politiques.

À SAVOIR

La répartition des rôles entre les sexes n'est pas la même pour tous les peuples. Plus les rôles sont différenciés, plus la société montrera des traits que l'on peut qualifier de masculins. Plus les rôles sont interchangeables, plus la société montrera des traits féminins.

Comment repérer un pays à « culture féminine » ?

Les pays à « culture féminine » peuvent s'identifier par les caractéristiques suivantes :

* rôles attribués aux hommes et aux femmes s'entremêlant ;
* différenciation des rôles sexuels n'entraînant pas de différences dans l'exercice du pouvoir ;
* qualité de la vie considérée comme une chose importante ;
* travailler pour vivre ;

- hommes et environnement sont importants ;
- égalisation : ne pas essayer d'apparaître meilleur que les autres ;
- solidarité ;
- idéal : rendre service ;
- intuition ;
- compassion avec les malheureux ;
- idéal : androgynie et l'unisexe ;
- ce qui est petit et va doucement est beau ;
- essayer d'être mieux que les autres n'est, ni socialement, ni matériellement recherché ;
- système scolaire orienté vers l'adaptation sociale ;
- volonté de donner plus aux pays du Tiers-monde ;
- protection de l'environnement plus importante que la croissance économique ;
- projets et entreprises de petite dimension bénéficiant de l'appui du public ;
- hommes et femmes suivant le même type d'enseignement supérieur ;
- femme pouvant aussi bien que l'homme être le principal pourvoyeur des revenus de la famille ;
- peu de ségrégation dans les métiers ;
- quelques jeunes hommes et femmes voulant faire carrière, d'autres non ;
- entreprise ne devant pas empiéter sur la vie privée de ses membres ;
- beaucoup de femmes ayant des emplois qualifiés et bien payés ;
- femmes dans les emplois qualifiés pas agressives ;
- peu de tensions dans le travail ;
- peu de conflits industriels ;
- recours à la restructuration des tâches favorisant l'intégration dans le groupe.

Voici les risques spécifiques à la culture « féminine » en matière de conduite de projet et le DMR correspondant :

Risques	DMR
Organisation de projet trop démocratique.	Dispositif de pilotage intégrant des instances de pilotage.
Objectifs de projet manquant parfois d'ambition.	Démarche de conduite de projet proposant des objectifs en « marches d'escalier ».
Prise de décision au concensus.	Modalités de décisions validées dans le cadre du plan de management de projet.
Objectif du projet moins important que la façon d'y arriver.	Dispositif de pilotage intégrant des instances de pilotage.

Comment repérer un pays à culture « masculine » ?

Les pays à « *culture masculine* » peuvent s'identifier par les caractéristiques suivantes :

- rôles des hommes et des femmes clairement différenciés ;
- homme devant se dominer en toute situation ;
- réussir est la seule chose qui compte ;
- vivre pour travailler ;
- argent et biens matériels sont importants ;
- dépassement : essayer d'être meilleur ;
- indépendance ;
- idéal : réaliser son ambition ;
- esprit de décision ;
- admiration pour les gens qui réussissent ;
- idéal : machisme (virilité ostentatoire) ;
- ce qui est grand et va vite est beau ;
- récompenses en richesse et en statut social pour ceux qui réussissent ;
- système scolaire orienté vers la recherche des performances ;
- rien à donner aux pays du Tiers-monde ;

- croissance économique plus importante que la protection de l'environnement ;
- projets et entreprises de grande dimension approuvés par le public ;
- hommes et femmes suivent des types différents d'enseignement supérieur ;
- homme gagnant le pain de la famille, femme entretenant la maison ;
- certains métiers réservés exclusivement aux hommes, d'autres aux femmes ;
- jeunes hommes cherchant à faire carrière ; à défaut, considérés comme des bons à rien ;
- intérêts de l'entreprise légitimant l'empiétement sur la vie privée de ses membres ;
- peu de femmes ayant des emplois qualifiés et bien payés ;
- femmes occupant des emplois qualifiés très agressives ;
- beaucoup de tensions dans le travail ;
- nombreux conflits industriels ;
- recours à la restructuration des tâches favorisant la réalisation personnelle.

Voci les risques spécifiques à la culture « masculine »
en matière de conduite de projet et le DMR correspondant :

Risques	DMR
Projets ambitieux, parfois déraisonnables sans étude d'opportunité…	Démarche de conduite de projet avec des livrables obligés.
Moyens importants accordés pour la réussite du projet.	Dispositif de gestion des budgets du projet et de contrôle interne.
Pas le droit à l'erreur.	Dispositif de pilotage de projet (plan de management de projet).
Pas d'arrêt du projet, même s'il va dans le mur…	Démarche de conduite de projet incluant des passages obligés : « go/no go ».

Les critères culturels d'un pays, d'une entreprise ou d'un groupe ont donc un impact sur la conduite d'un projet et sont porteurs de risques spécifiques. Ces risques sont notamment relatifs à l'exercice du pouvoir et plus particulièrement à la prise de décision qui va s'exercer à de nombreuses reprises tout au long du projet ; mais aussi à l'acceptation par les bénéficiaires du projet des modalités de conduite du projet ainsi que de son objet, ce qui nécessitera une conduite du changement appropriée. Cela est d'autant plus vrai que le projet va à l'encontre d'un trait dominant de la culture du pays, de l'organisation ou du groupe !

La prise en compte des facteurs culturels et sociologiques dans l'analyse des risques est importante pour bien comprendre nos modes d'appréhension du réel et du futur puisque ces approches influencent notre aversion pour le risque et donc les bases mêmes de notre « gestion des risques ».

On peut d'ailleurs confirmer l'évocation de ces problématiques par les différentes perceptions du temps dans les différentes cultures (linéaire ou cyclique), perception qui, *de facto*, diffère d'un acteur à l'autre dans une même culture.

Outre la capacité à corriger les préjugés personnels ou culturels mis dans l'analyse et la gestion des risques, cette prise en compte est également importante dans la considération des divergences poten- tielles d'appréciation entre les différentes parties prenantes d'un projet. En tant que promoteur du projet, une vision enthousiaste et peu craintive de l'avenir peut ainsi se heurter à des réticences des autorités difficiles à comprendre ou à des partenaires techniques ou financiers potentiels. L'utilité de cet effort se retrouve très directe- ment dans la gestion des équipes chargées des différentes tâches du projet : blocages inattendus, catastrophes improbables… Tout cela pour des raisons de perceptions culturelles et individuelles des risques… Les facteurs de risques pour un projet se nourrissent même de ces facteurs. Ils ont une incidence forte sur les modes managériaux.

Outil – Livrable : l'analyse SWOT

L'analyse SWOT : « Strengths/Weaknesses/Opportunities/Threats » (en français : « Forces/Faiblesses/Opportunités/Menaces ») permet de réaliser des analyses stratégiques. Il est cependant également possible d'utiliser cette technique pour tenter de systématiser l'analyse des risques par la réalisation de deux diagnostics.

Diagnostic externe : il identifie les opportunités et les menaces présentes dans l'environnement. Celles-ci peuvent être déterminées à l'aide d'une série de modèles d'analyse stratégique, tels que le modèle Pestel, celui des cinq forces de la concurrence de Michael Porter ou encore une analyse de scénarios. Il peut s'agir par exemple de l'irruption de nouveaux concurrents, de l'apparition d'une nouvelle technologie, de l'émergence d'une nouvelle réglementation, de l'ouverture de nouveaux marchés, etc.

Diagnostic interne : il identifie les forces et les faiblesses du domaine d'activité stratégique. Celles-ci peuvent être déterminées à l'aide d'une série de modèles d'analyse stratégique, tels que la chaîne de valeur, l'étalonnage (benchmarking) ou l'analyse du tissu culturel.

Il peut s'agir par exemple d'un portefeuille technologique, d'une notoriété, d'une présence géographique, d'un réseau de partenaires, d'une structure de gouvernement d'entreprise, etc. On peut comparer avec profit :

– la perception des forces et faiblesses de l'entreprise par elle-même ;

– la perception des forces et faiblesses de l'entreprise par ses clients, concurrents, fournisseurs, et autres acteurs externes.

C'est alors la confrontation entre les résultats du diagnostic externe et ceux du diagnostic interne qui permet de formuler des options stratégiques. Cette formulation d'options stratégiques constitue l'intérêt de l'analyse SWOT. La matrice SWOT n'apporte cependant une aide pertinente que dans la mesure où les questions initiales sont convenablement posées, que l'on peut y répondre, et que l'on a bien analysé chaque domaine en termes de performance mais aussi d'importance. La justesse des résultats dépend de la justesse de l'analyse sur le court, moyen et long terme, et de la conscience que l'environnement interne ou externe peut rapidement changer, ce qui nécessite de mettre régulièrement à jour l'analyse.

| | Origine interne (Organisation) | Forces (Strengths) | Faiblesses (Weaknesses) |

	Forces *(Strengths)*	Faiblesses *(Weaknesses)*
Origine interne (Organisation)	Forces *(Strengths)*	Faiblesses *(Weaknesses)*
Origine externe (environnement)	Opportunités *(Opportunities)*	Menaces *(Threats)*

La matrice SWOT

Phase 1

Identification des risques

« Il n'y a pas de sécurité sur cette terre, seulement des opportunités. »

Douglas McArthur

Carte du Sénégal

La restauration de la bande de filaos de la zone des Niayes, Sénégal[1]

Au Sénégal, l'agriculture occupe près de 70 % de la population. La zone des Niayes, qui représente la bande de terre située le long du littoral entre Dakar et Saint-Louis, produit la majorité de la production de fruits et légumes du pays et est une région fortement peuplée. La plantation massive de filaos[2] du littoral nord, appelée « bande de filaos », constitue la principale condition de survie des populations de cette zone. La constitution de cette bande en 1970 par l'État du Sénégal a permis la sédentarisation de 150000 personnes, le développement d'activités économiques telles que le maraîchage et l'urbanisation. Aujourd'hui, la bande de filaos a atteint sa phase de vieillissement et de fin de cycle de vie. L'écosystème des Niayes est menacé de déséquilibre et pire, de disparition. Le projet localisé dans les départements de Louga, de Kébémer et de Tivaouane/ Terroirs de Sag Sayéro, Thieppe, Diokoul Ndiawrigne, Kab Gaye et Mboro, s'axera sur la restauration de la bande de filaos, action impérative pour lutter contre l'érosion éolienne et maintenir l'équilibre écologique des Niayes. La protection de cet écosystème favorisera une exploitation rationnelle des ressources de la bande. Le développement du maraîchage, l'exploitation et la valorisation des sous-produits du filao assureront un revenu régulier aux 6000 membres des groupements villageois. Ainsi, le projet contribuera-t-il à l'amélioration de la sécurité alimentaire.

Les organisations locales qui réaliseront le projet d'un budget de 349000 euros sur trois ans, financé par des donateurs particuliers, le CILSS[3], l'IREMLCD[4], le Crédit Immobilier de France, la Fondation Ensemble et le Sénat, démarré en juin 2006 en relation avec SOS Sahel sont :

– l'Association des Unions Maraîchères des Niayes (AUMN) ;

– les 87 groupements villageois affiliés aux unions ;

---

1. Source : www.sossahel.org.
2. Le filao est un arbre dont les rameaux cannelés en forme de fils de deux millimètres d'épaisseur ressemblent à des prêles et dont le système racinaire contient des éléments fixateurs d'azote.
3. Le Comité Permanent Inter-États de Lutte Contre La Sécheresse dans le Sahel est composé des pays suivants : Burkina Faso, Cap Vert, Gambie, Guinée-Bissau, Mali, République Islamique de Mauritanie, Niger, Sénégal et Tchad.
4. L'Initiative Régionale Environnement Mondial et Lutte contre la Désertification en Afrique sahélienne est un projet du CILSS appuyé par la France et visant à financer des micro-projets de lutte contre la désertification portés par la Société Civile (associations villageoises, organisations paysannes, ONG, etc.).

– les trois unions locales de groupements de la zone d'intervention membres de l'AUMN.

Les bénéficiaires du projet sont les habitants vivant le long de la zone d'influence des 89 kilomètres de filaos sont estimés à 87 600 habitants vivants dans 63 villages disséminés de part et d'autre de la bande de filaos. Ils sont très inégalement répartis. On y distingue les hameaux comptant moins de cent habitants et des agglomérations de plus de 10 000 habitants. Cette population comprend plusieurs ethnies, les plus importantes étant les Wolofs et les Peuls.

Les objectifs à atteindre sont :

– préserver l'équilibre du milieu naturel des Niayes ;

– renouveler la bande de filaos et protéger les cuvettes maraîchères ;

– améliorer les conditions d'hygiène et de vie des exploitants maraîchers et de leurs familles ;

– promouvoir des systèmes de production agricole durable ;

– renforcer les capacités des groupements villageois.

Les activités et résultats attendus concernent :

1. Le reboisement et l'arboriculture : neuf pépinières équipées d'un puits produiront 50 000 plants, 180 hectares de filaos seront régénérés grâce à la plantation de 300 000 pieds et cent exploitants maraîchers pratiqueront l'arboriculture.

2. L'amélioration des techniques agricoles : dix cuvettes maraîchères seront réhabilitées pour lutter contre l'érosion, 200 exploitants utiliseront des engrais organiques et 150 exploitants utiliseront des kits d'irrigation goutte-à-goutte pour économiser l'eau de la nappe phréatique.

3. L'amélioration des conditions d'hygiène : trente animatrices conduiront des actions de sensibilisation à l'hygiène et trente groupements organiseront des journées de nettoiement dans leurs villages.

L'avancement du projet en août 2008 est le suivant :

1. Reboisement et arboriculture : neuf pépinières de production fonctionnelles et équipées d'un puits, 120 personnes formées aux techniques de production de plants, 344 000 plants produits, 55 hectares reboisés grâce à la plantation de 90 000 filaos, 5 hectares de dunes stabilisés par le reboisement de 8 330 plants, 60 femmes formées aux techniques de construction des foyers améliorés, 232 foyers améliorés construits.

2. Amélioration des techniques agricoles : une étude portant sur la valorisation de la litière de filaos réalisée, 90 producteurs formés aux techniques d'agroforesterie et au compostage, 4 cuvettes maraîchères protégées de l'érosion éolienne, 174 fosses fumières construites, 28 kits d'irrigation goutte-à-goutte de 1000 m^2 achetés et installés, 28 producteurs formés à l'utilisation des kits.

3. Amélioration des conditions d'hygiène : 29 animatrices formées pratiquent la sensibilisation sur la prévention sanitaire et l'hygiène, 15 groupements ont organisé des journées de nettoiement dans leurs villages, 48 latrines ont été construites.

4. Renforcement des capacités d'organisation et de gestion : un manuel de bonnes pratiques environnementales et d'agriculture durable élaboré, traduit en langues locales et diffusé aux 400 producteurs de la zone, 175 femmes alphabétisées et 300 femmes formées en gestion.

• Risques majeurs du projet Niayes :

Risque humain : compréhension d'un objectif environnemental à long terme pour des communautés d'abord préoccupées par des logiques de court terme (accès à l'eau, alimentation, etc.) ; faire accepter le projet par les populations locales même si l'initiative revient aux élus locaux ; mobiliser des centaines de personnes tous les jours de l'année ; entretenir la dynamique ; changer les comportements, etc.

Risque technique : permettre une adaptation des systèmes de production grâce à la mise en place de solutions techniques appropriées (irrigation par goutte-à-goutte, techniques de fixation des dunes, bon usage des engrais et des pesticides) ; produire des plants de qualité, les planter, les arroser, etc.

• Dispositif de Maîtrise des Risques du projet Niayes :

– conduite du changement de proximité avec des acteurs locaux ;

– mise en place d'une organisation basée sur les caractéristiques culturelles : forte distance hiérarchique (double autorité coutumière et administrative), relation au temps présent, grande importance du collectif et culture de type féminin avec des coordinateurs de projet apportant la touche de futur et de recherche de résultats ;

– cofinancement du projet par des bailleurs de fonds et les populations villageoises ;

– création d'un revenu de substitution.

Le projet des Niayes constitue un projet culturel exemplaire à plus d'un titre. Il succède à un projet énorme réalisé en 1970, à savoir plus de 80 kilomètres de forêt plantée le long de la côte sur plusieurs centaines de mètres de large. Cette forêt laissée à l'abandon s'est peu à peu détériorée sous le regard des populations locales, qui en ont subi les conséquences directes sans savoir que faire. Le tout dans un pays où les priorités sont si nombreuses et les ressources si limitées que la restauration de cette forêt ne pouvait devenir une priorité nationale.

COMMENT IDENTIFIER LES RISQUES D'UN PROJET ?

La précision de la gestion du risque est fondamentale, puisque c'est elle qui peut empêcher l'accident.

À SAVOIR

La sensation de risque est un phénomène très subjectif, voire irrationnel, lié à la façon qu'a un individu de percevoir une situation dans son environnement, ce qui dépend pour une bonne part de son capital culturel et de ses intérêts.

Quelques entraves

Ces perceptions diffèrent nécessairement d'un individu à un autre. Il peut d'ailleurs exister un décalage d'appréciation entre les dirigeants et les employés, ces derniers ayant une vision nécessairement plus opérationnelle. Différents facteurs peuvent entrer en ligne de compte pour entraver la perception collective d'une situation : des raisonnements fallacieux, des sophismes, des biais cognitifs (illusion, etc.) qui, selon les cas, peuvent être conscients ou inconscients.

Le projet vise à modifier un état de fait. Ceux qui ne sont pas au contact de ces faits ont naturellement moins clairement la perception de la nécessité du projet que les « gens du terrain » : le président ne perçoit pas avec la même acuité le besoin de changer un système de prise de commande mal pratique que ses collaborateurs, contraints de l'utiliser quotidiennement dans leur travail... Les commerciaux n'imaginent pas la nécessité de changer de technologie dans les ateliers... De même, une fois la décision prise, les acteurs ne perçoivent pas les enjeux et les risques de la même manière. Ainsi, le promoteur du projet en voit les raisons et les avantages, mais il n'en voit les conséquences pratiques que s'il s'est penché sur les modalités de mise en œuvre et surtout s'il a déjà une expérience de conduite de projet : c'est le cas des projets de fusion signés par les présidents des sociétés concernées induisant des transformations lourdes des organisations, l'intégration ou la migration des systèmes et la construction de nouveaux systèmes de gestion… Avec les écueils que l'on connaît.

Les tenants ou gestionnaires des solutions du moment que le projet vise à remplacer auront naturellement une perception forte des menaces de celui-ci et en chercheront les failles. Plusieurs démarches logiques et systématiques ont déjà été proposées pour structurer la phase importante d'identification des risques. Il convient de ne pas s'arrêter à cette analyse initiale, mais de la compléter sur des dimensions, comme celle de la perception des acteurs ou des parties prenantes, moins évidentes *ab initio.*

Un autre axe de ce type à prendre en compte est bien évidemment la dimension temporelle. Certains des projets cités ont pour caractéristique de se dérouler sur des périodes longues. Les facteurs d'environnement sont de ce fait susceptibles de changer significativement et de créer un cadre modifié pour l'analyse des risques. La prise en compte de ces évolutions en temps utile est essentielle pour la bonne fin du projet. On pense pour illustrer ce point à la campagne de Napoléon en Russie.

La campagne de Russie

Après avoir militairement conquis la plupart des pays d'Europe, Napoléon I décide en 1812 de conquérir la Russie, alors sous le pouvoir du tsar Alexandre I. L'armée française ira jusqu'à Moscou… Ensuite, ce sera la retraite de Russie sous le harcèlement d'une armée française épuisée, souffrant également du froid et de malnutrition contre des soldats russes motivés par le prince russe Koutouzov, général de l'armée impériale. Pourtant, tout avait bien commencé : au moment de la campagne, Napoléon I est au sommet de sa puissance et de son règne avec toutes les nations d'Europe continentale sous son contrôle ou celui de nations vaincues par son empire et évoluant sous des traités favorables à la France. Aucun pouvoir européen du continent n'osait alors s'élever contre lui. Rien ne lui résiste. En juin 1812, la Grande Armée forte de 691 500 hommes, la plus grande armée jamais rassemblée en Europe, franchit le Niémen pour se diriger vers Moscou. L'armée russe qui lui fait face est moins nombreuse, du moins au début de la campagne : au total, elle doit compter environ 500 000 hommes. Une des forces distinctives de Napoléon est sa faculté à déplacer rapidement ses forces (commencée le 12 juin la campagne le voit entrer dans Moscou à la mi-septembre), à évaluer avec finesse et esprit tactique les situations, imaginer des plans de bataille lui permettant de défaire rapidement ses opposants. Le facteur temps n'est pas perçu par lui comme une menace, mais comme une opportunité qu'il exploite avec aisance. Napoléon tient Moscou, mais la ville, construite en bois, est en flammes. L'empereur attend pendant un mois une réponse du tsar à ses offres de négociations. Celles-ci ne venant pas, il doit se résigner à battre en retraite en dépit de l'hiver précoce. L'empereur est contraint de revenir par le même chemin qu'à l'aller, bien que celui-ci eût été déjà dévasté par les troupes russes et que le terrible hiver russe se fasse déjà sentir. Le 26 novembre 1812, la Grande Armée arrive au bord de la Berezina. Malgré la couverture assurée par le maréchal Michel Ney qui commande l'arrière-garde de l'empereur, Napoléon ne dispose plus que de 49 000 combattants, dont 40 000 retardataires…

• Risques majeurs de la campagne de Russie :

Risque logistique : transporter des troupes, les nourrir, et assurer leur suivi sanitaire.

Risque climatique : le froid russe… avec la qualité thermique des vêtements militaires de l'époque.

Risque humain : motiver des hommes dans un pareil environnement.

• Dispositif de Maîtrise des Risques de la campagne de Russie :

– détermination du sponsor ;

– compétence, allégeance et capacités physiques des militaires ;

– croyance dans l'invincibilité de l'armée napoléonienne.

• Éléments de Dispositif de Maîtrise des Risques manquant à la campagne de Russie :

– étude de faisabilité ;

– connaissance approfondie de la psychologie de l'ennemi ;

– logistique en situation de déroute.

Quelques solutions

Pour que la perception du risque ne soit pas entravée par ces phénomènes, il est tout à fait souhaitable que le projet mette en place un dispositif de veille, de manière à détecter les signaux faibles le plus tôt possible. La perception du risque porte dans un premier temps essentiellement sur les facteurs de risque (ou périls). Le dispositif de veille doit prévoir un partage des signaux perçus pour en valider les traits principaux. À ce niveau, il faut identifier le risque, c'est-à-dire, parmi les signaux faibles détectés, reconnaître ceux présentant des risques potentiels importants. Ceci nécessite la mise en place d'un dispositif d'intelligence économique coordonné, afin de procéder à une analyse fouillée des signaux faibles. Le risque ou la situation à risques découle d'une part de l'existence d'un danger (facteur de risque ou péril) et d'autre part de la présence de l'homme dans la zone de danger (objet du risque). Il est utile en la matière de se référer à la norme EN 1050.

Lors de la phase d'identification des risques, on portera l'attention non seulement sur les causes (facteurs de risque ou périls), mais aussi sur les objets de risque, ressources de l'entreprise indispensables au projet et potentiellement concernées par ces facteurs de risque, en regardant les criticités associées. La criticité dépend de la probabilité pour qu'un facteur de risque survienne (présence dans une zone dangereuse, en contact avec le phénomène dangereux, ou soumis à l'événement dangereux).

Ce dernier paramètre est lui-même fonction de plusieurs facteurs propres au système travail, soit l'individu (sa formation, son expérience, ses connaissances, etc.), ses tâches (ou ses fonctions, son besoin d'accès dans la zone dangereuse), le milieu de travail (l'environnement) et la matière utilisée pour accomplir le travail (outils, matière première, etc.).

La connaissance de ces différents paramètres n'est pas facile, d'autant qu'il existe un troisième paramètre : la conséquence du risque, ou au contraire la possibilité d'évitement de l'événement dangereux. La plupart du temps, le passé nous donne les informations sur la gravité et sur l'occurrence d'un facteur. C'est pourquoi il est difficile d'opposer méthode *a priori* et *a posteriori*, car la première se nourrit inévitablement de la seconde. À ce stade, l'analyse des vulnérabilités peut se cantonner aux facteurs de risque et aux objets de risque.

Les risques qui engagent la responsabilité civile ou pénale de l'entreprise feront aussi l'objet d'une identification particulière, prenant en compte les aspects juridiques.

Selon la définition scientifique du risque (Daniel Bernoulli), l'approche subjective, par la méthode « fréquence-gravité » qui nous autorise à estimer d'une part, des « plausibilités » ou des « vraisemblances » (selon les termes du mathématicien français Marcel Boll), et d'autre part, des conséquences, conduit à la valeur d'un aléa (c'est-à-dire d'un événement dangereux prédéterminé) et non à un risque (le risque possédant une notion plus globale).

À SAVOIR

Pour estimer un risque (sans historique statistique), il faut prédéterminer plusieurs événements possibles de même nature, estimer leurs plausibilités (la somme des probabilités étant égale à 1), évaluer leurs conséquences possibles, puis chaque aléa. La réelle valeur scientifique du risque correspondra alors à la somme des aléas.

DES PROJETS UNIQUES

Lister les risques

Tous les projets se ressemblent… mais chaque projet est unique ! C'est pourquoi il est assez aisé d'identifier les risques possibles d'un projet en partant de check-lists. La littérature n'en manque pas ; l'expérience de chacun permet également la création de sa propre liste, spécifique à une nature de projet ou à l'organisation dans laquelle on évolue et que l'on finit par bien connaître. Certaines organisations présentent par exemple de réelles difficultés en regard du travail en mode projet transversal, d'autres à la conduite du changement, à la gestion économique, à la gestion du temps…

Il existe une infinité de risques potentiels. Tous n'affectent pas de la même manière les projets. Par exemple, le risque d'explosion d'un astéroïde, de chute d'un aéronef ou un d'attentat est toujours présent pour toutes les entreprises humaines.

Il n'est néanmoins pas nécessaire pour un projet informatique de traiter et gérer ce risque en investissant dans le cadre du projet. Deux points majeurs permettent d'éliminer ce risque de nos recherches :

- Les conséquences sur le « reste du monde » de ces événements rendent accessoire leur impact pour le projet.

- Le volant d'action par rapport à ce risque est faible, en tout cas pour l'équipe projet.

Inversement, un entrepôt dans une zone de fret d'un aéroport est beaucoup plus directement concerné : cet événement semble beaucoup plus crédible même si le volant d'action reste faible.

La première action dans la recherche de facteurs de risque consiste donc à choisir les risques que l'on va traiter. Ils seront généralement choisis parce qu'ils concernent d'abord et directement l'objet de nos recherches ; il est possible d'agir sur ces risques et donc de justifier une action ; enfin, ils sont crédibles et pertinents.

Identifier les facteurs

Une fois choisis les risques que l'on veut traiter, il devient plus facile d'en déterminer les facteurs : il faut rechercher les faits objectifs présents ayant une influence positive ou négative sur la probabilité d'occurrence de l'événement désagréable. Notre esprit cartésien, l'expérience acquise et l'assistance d'experts nous sont d'une aide précieuse dans cette recherche de causalité. Il nous faut cependant attirer votre attention sur des erreurs fréquentes.

Tout d'abord, il ne faut pas confondre corrélation statistique et causalité. Ce n'est pas parce que la majorité des personnes meurent à l'hôpital que l'hôpital est la cause de leur décès (même si c'est bien à l'hôpital qu'il y a le plus de microbes…).

Par ailleurs, mieux vaut éviter l'enchaînement dans les causalités. En effet, plus la chaîne est longue, plus le raisonnement risque d'avoir des défauts.

Enfin, ne confondez jamais le présent et le futur : le premier est un univers de faits établis, alors que le second est par définition inconnu. Et même si des événements sont très probables, ils ne sont jamais certains.

Des risques classiques

Voici l'exemple d'une liste de risques classiques d'un projet informatique :

- Risque concernant le coût du projet en regard du périmètre fonctionnel : coût de développement et de fonctionnement.
- Risque sur les délais : dates d'avancement et de mise en service des versions successives.
- Risque sur le périmètre et les fonctionnalités : périmètre final et fonctionnalités.
- Risque sur la qualité : fonctionnement du système (disponibilité, temps de réponse, incidents, etc.).
- Risques sur la facilité d'utilisation : ergonomie utilisateur, facilité d'apprentissage, côté « *user friendly* » du système.
- Risque sur la capacité d'évolution : facilité d'évolution du système (volumes, nouvelles fonctionnalités, etc.).
- Risques sociaux : non-appropriation du système.
- Risques juridiques : Commission Nationale de l'Informatique et des Libertés (CNIL), etc.

À SAVOIR

Identifier les risques d'un projet est en définitive quelque chose de difficile, car à l'instar du plan comptable, il n'existe pas de référentiel officiel et indiscutable des risques possibles.

Pour identifier les risques spécifiques à un projet, on peut par exemple le qualifier. Un projet peut ainsi être qualifié par deux critères : sa complexité technique et sa complexité relationnelle.

Il existe donc quatre types de projet :

- Profil 1 : complexité technique faible/complexité relationnelle faible.

– Profil 2 : complexité technique élevée/complexité relationnelle faible.

– Profil 3 : complexité technique faible/complexité relationnelle élevée.

– Profil 4 : complexité technique élevée/complexité relationnelle élevée.

On peut également utiliser des critères basés sur l'expérience.

Prenons à présent l'exemple d'éléments permettant de qualifier un projet informatique :

- nombre d'activités traitées simultanément ;
- nombre de directions concernées ;
- enseigne touchée ;
- connaissance technique ;
- maîtrise fonctionnelle (nouveau métier) ;
- nombre d'intervenants ;
- niveau de coordination ;
- périmètre mouvant ;
- degré d'adhésion ;
- niveau linguistique ;
- degré de communication.

Qualifier un projet

Pour qualifier un projet, on s'intéresse essentiellement à son contexte en répondant aux questions suivantes :

- le projet est-il stratégique pour l'entreprise ?
- quel est l'objectif réel du projet ?
- quels sont les enjeux principaux du projet ?
- quel est le dimensionnement de l'équipe projet ?
- combien de contributeurs, de directions sont concernés par le projet ?
- des projets similaires ont-ils déjà été réalisés ?
- quelle est la date prévisible de début du projet ?
- quelle est la date estimée de fin du projet ?

- quelle est la date de lancement du « produit » du projet ?

Pour qualifier un projet, on s'intéresse également à ses aspects techniques et relationnels en répondant aux questions suivantes :

- quel est le nombre de chantiers du projet ?
- existe-t-il des liens forts de dépendance ou de simultanéité entre les chantiers ?
- le projet nécessite-t-il la maîtrise de risques financiers (maîtrise du budget, du ROI, etc.) ?
- le strict respect du planning du projet est-il critique ?
- la réussite du projet dépend-elle de la maîtrise de technologies et/ou d'outils avancés ?
- ces technologies sont-elles nouvelles pour le marché ?
- ces technologies sont-elles nouvelles pour l'entreprise ?
- le projet a-t-il de nombreuses adhérences avec les autres projets de l'entreprise ?
- le nombre d'acteurs et de directions concernés par le projet est-il important ?
- ce projet a-t-il un impact fort sur les métiers et les modes de travail ?
- le projet est-il soutenu par la direction générale de l'entreprise ?

Des risques génériques

Pour identifier les risques d'un projet, il est utile de se référer aux risques génériques du secteur d'activité. À titre d'exemple, dressons la cartographie des risques du secteur industriel :

- Risque accidentel : événement accidentel touchant les biens ou les personnes.
- Risque macroéconomique : contexte économique mondial.
- Risque de coûts des matières premières et de l'énergie : évolution forte du prix des matières ou de l'énergie.
- Risque de change : mouvement important des taux de conversion des devises par rapport à la monnaie de compte.
- Risque de stabilité du pays : insécurité politique de divers pays.

- Risque de financement : impossibilité de trouver des ressources financières pour financer la croissance.
- Risque de non-paiement client : défaillance de paiement d'un client.
- Risque juridique/réglementaire : défaut de *compliance* ou évolution des règlements et normes ou environnement juridique.
- Risque concurrentiel/technologique : survenance sur le marché d'une offre concurrentielle qui répond mieux à la demande (prix, technologie, etc.).
- Risque de dépendance vis-à-vis des fournisseurs : dépendance vis-à-vis d'un fournisseur unique (ou d'un petit nombre de fournisseurs) mettant l'organisation en péril en termes de négociation, de qualité ou de sécurisation des approvisionnements.
- Risque client/produit : inadéquation technique entre le produit et le besoin réel du client.
- Risque de non-qualité : non-qualité des produits proposés aux clients de l'organisation.
- Risque de rupture de production : incapacité à livrer le client.
- Risque d'organisation/logistique : inadéquation géographique de l'organisation production/logistique au regard des clients.
- Risque de turnover : départs non anticipés de ressources critiques (managers, commerciaux, experts techniques).
- Risque de recrutement : incapacité à attirer les compétences requises.
- Risque de disponibilité du système d'information : indisponibilité du système d'information.
- Risque de communication externe : communication erronée ou non maîtrisée.
- Risque social : conflits individuels ou collectifs.
- Risque de positionnement sur le marché : déphasage entre les contraintes du marché et les produits de l'organisation.
- Risque d'organisation/pilotage : outils de pilotage et d'allocation des ressources inadaptés.
- Risque de détournement/déontologie : application insatisfaisante des procédures internes ou violation de la propriété intellectuelle ou industrielle ou vol.

– Risque de sécurité des données informatiques : accès non autorisé à des données sensibles.

Toujours à titre d'exemple, dressons à présent la cartographie des risques du secteur bancaire (cf. la réglementation 97-02 relative au contrôle interne) :

– Risque de crédit : encouru en cas de défaillance d'une contrepartie.

– Risques de marché, y compris de change : risque de prise d'une mauvaise position.

– Risque de taux d'intérêt global : encouru en cas de variation des taux d'intérêt du fait de l'ensemble des opérations de bilan et de hors-bilan.

– Risque de liquidité : risque de ne pouvoir faire face à ses engagements ou de ne pouvoir dénouer ou compenser une position en raison de la situation du marché.

– Risque de règlement : encouru au cours de la période qui sépare le moment où l'instruction de paiement ou de livraison d'un instrument financier vendu ne peut plus être annulée unilatéralement et la réception définitive de l'instrument financier acheté ou des espèces correspondantes.

– Risque opérationnel : résultant d'une inadaptation ou d'une défaillance imputable à des procédures, personnels et systèmes internes ou à des événements extérieurs.

– Risque juridique : risque de tout litige avec une contrepartie, résultant de toute imprécision, lacune ou insuffisance suscepti-ble d'être imputable à l'entreprise au titre de ses opérations.

– Risque de perte potentielle maximale : risque d'impact le plus défavorable sur les résultats de variations des conditions de marché intervenant sur une période donnée et avec un niveau de probabilité déterminé.

– Risque d'intermédiation : risque de défaillance d'un donneur d'ordres ou d'une contrepartie à l'occasion d'une transaction sur instruments financiers dans laquelle l'entreprise assujettie apporte sa garantie de bonne fin.

– Risque lié à la continuité de l'activité : dû à une absence de mesures visant à assurer, selon divers scénarios de crises, y compris face à des chocs extrêmes, le maintien, le cas échéant de façon temporaire selon un mode dégradé, des prestations de services essentielles de l'entreprise, puis la reprise planifiée des activités.

– Risques liés aux moyens de paiement : risque d'utilisation frauduleuse des moyens de paiement mis à la disposition des clientèles.

– Risque de non-conformité : risque de sanction judiciaire, administrative ou disciplinaire, de perte financière significative ou d'atteinte à la réputation, qui naît du non-respect de dispositions propres aux activités bancaires et financières, qu'elles soient de nature législatives ou réglementaires, ou qu'il s'agisse de normes professionnelles et déontologiques, ou d'instructions de l'organe exécutif prises notamment en application des orientations de l'organe délibérant.

– Risques liés aux activités externalisées : pour lesquelles l'entreprise assujettie confie à un tiers, de manière durable et à titre habituel, la réalisation de prestations de services essentielles par sous-traitance.

COMMENT SE PRÉMUNIR DU RISQUE PAYS ?

Le pays de réalisation du projet présente des risques plus ou moins importants, et pas seulement en matière de sécurité du financement… Le recours à des entreprises ou à des sous-traitants de pays étrangers est également un facteur de risque à prendre en compte.

Des notations utiles

Le recours aux notations publiées par la Compagnie Française d'Assurance pour le Commerce Extérieur (COFACE)[1] et concernant 155 pays permet d'éviter de sérieux ennuis… ou de conduire à la plus grande prudence en matière de contrat.

Ainsi, la note « COFACE Rating pays et secteurs » a pour objet d'évaluer les risques pays en se fondant sur la liquidité et la solvabi-

---

1. Filiale à 100 % de Natixis (elle-même filiale du groupe des Caisse d'Épargne et du groupe des Banques Populaires), la Compagnie Française d'Assurance pour le Commerce Extérieur (COFACE) est une compagnie d'assurance spécialisée dans l'assurance crédit à l'exportation, l'affacturage, la gestion de créances et la publication d'informations sur les entreprises et le risque pays.

lité globale des pays et des entreprises. Les notes se situent sur une échelle de sept niveaux (A1, A2, A3, A4, B, C et D) dans l'ordre croissant de risque.

Pour sa part, la note « COFACE Environnement des affaires » (2008) vise à évaluer la qualité globale de l'environnement des affaires dans un pays. Elle mesure précisément si les comptes des entreprises sont fiables et disponibles, si le système juridique assure une protection équitable et efficace des créanciers et si l'environnement institutionnel et réglementaire est favorable aux transactions interentreprises. Comme pour la note « Pays rating », les notes se situent sur une échelle de sept niveaux (A1, A2, A3, A4, B, C et D) dans l'ordre croissant de risque.

Cette note est élaborée en prenant en compte les informations suivantes :

– Qualité des informations disponibles sur les entreprises (cadre légal pour la publicité des comptes, disponibilité, accessibilité et fiabilité des comptes, etc.) et la protection juridique des créanciers ainsi que l'efficacité du recouvrement (procédures judiciaires, frais de justice, procédures collectives, etc.).

– Qualité des institutions dont les forces et faiblesses peuvent affecter les entreprises (gouvernement, éducation, santé, infrastructures, etc. ; qualité de la réglementation, respect de la loi et degré de corruption).

Quelles perspectives pour 2009 ?

Les dix-neuf pays suivants (sur 155), notés en 2008 « A1 » sur les deux critères « Environnement des affaires » et « Note pays » ne présentent apparemment que peu de risques, tant en ce qui concerne la conduite d'un projet que le recours à une entreprise fournisseur de technologie ou d'expertise :

- Allemagne ;
- Australie ;
- Autriche ;
- Belgique ;
- Canada ;
- Danemark ;

- Espagne ;
- États Unis ;
- Finlande ;
- France ;
- Irlande ;
- Japon ;
- Norvège ;
- Nouvelle-Zélande ;
- Pays-Bas ;
- Royaume-Uni ;
- Singapour ;
- Suède ;
- Suisse.

À l'opposé, les quarante-deux pays suivants (sur 155), notés « D » sur l'un ou les deux critères « Environnement des affaires » et « Note pays » présentent des risques certains :

- Albanie ;
- Angola ;
- Bangladesh ;
- Biélorussie ;
- Bolivie ;
- Bosnie-Herzégovine ;
- Burundi ;
- Cambodge ;
- Congo ;
- Congo (RDC) ;
- Côte-d'Ivoire ;
- Cuba ;
- Djibouti ;
- Éthiopie ;
- Guinée ;
- Haïti ;

- Irak ;
- Iran ;
- Kirghizstan ;
- Laos ;
- Lybie ;
- Malawi ;
- Moldavie ;
- Mozambique ;
- Myanmar ;
- Népal ;
- Niger ;
- Nigeria ;
- Ouzbékistan ;
- Papouasie-Nouvelle-Guinée ;
- République Centrafricaine ;
- Rwanda ;
- Sao Tomé ;
- Sierra Leone ;
- Soudan ;
- Tanzanie ;
- Tchad ;
- Togo ;
- Turkménistan ;
- Yémen ;
- Zimbabwe.

LE CAS DES PROJETS INFORMATIQUES

Concernant les projets informatiques, les risques sont classiques et les mesures préventives connues… même si elles ne sont pas assez souvent mises en œuvre… Voici la cartographie des risques projets informatiques. Chaque stade du projet génère ses propres risques qui se combinent avec ceux des autres stades :

- conception de l'ouvrage/nomenclature ;
- choix des techniques de réalisation/gammes de fabrication ;
- choix des moyens/affectation des ressources ;
- ordonnancement/planification ;
- déroulement du projet.

Ressources : l'ensemble des moyens nécessaires au bon déroulement des travaux (structure projet et contributeurs).

Risques	Mesures préventives
Affectation optimiste de moyens inadaptés ne permettant pas de réaliser les travaux.	Structuration de l'équipe. Redistribution des rôles. Renforcement de l'encadrement. Formation, entraide, motivation.

Planification initiale : ordonnancement de l'œuvre (organigramme technique de projet).

Risques	Mesures préventives
Planification peu réaliste ne pouvant respecter les contraintes de coûts et délais imposées	Recoupement de plusieurs estimations détaillées des charges, coûts, plannings. Remise en cause des demandes. Développement incrémental. Réutilisation de logiciel.

Ouvrage : résultat du projet (arborescence technique du système).

Risques	Mesures préventives
Développement de logiciels impropres à satisfaire les besoins des utilisateurs.	Analyse de l'organisation et des missions. Revue. Prototypage. Rédaction anticipée des manuels utilisateurs.
Développement de mauvaises interfaces utilisateurs	Analyse des tâches. Prototypage. Prise en compte de l'utilisateur (fonction, comportement, charge de travail).
Défaillance des performances en temps immédiat.	Simulation. Essais comparatifs. Modélisation et prototypage. Instrumentation. Réglages.

Suivi : déroulement des travaux (management laissant se développer des dérives irréversibles au regard des exigences de qualité, de coûts et de délais).

Risques	Mesures préventives
Perfectionnisme.	Examen critique des spécifications. Prototypage. Calcul des retours sur investissement.
Courant continu de modifications.	Seuil d'acceptation des changements. Développement incrémental. Report des modifications en fin de projet.
Défaillances des fournitures externes.	Mise en concurrence. Contrôle des références. Analyse de compatibilité. Inspection et recette.
Défaillances des travaux sous-traités.	Contrôle des références. Audit de qualification. Structure d'équipe.

Une fois la phase d'identification des risques terminée, il est possible de passer à l'étape d'évaluation de la criticité des risques.

Phase 2

Évaluation de la criticité des risques

« Je crois que cette nation devrait elle-même atteindre l'objectif, avant la fin de cette décennie, de poser un homme sur la Lune et de le ramener sain et sauf sur Terre. »

John F. Kennedy (1961)

La mission Apollo 11, États-Unis

Le 21 juillet 1969 à 3h56 (heure française), Neil Armstrong devient le premier homme à marcher sur la Lune, suivi quelques minutes plus tard par Edwin Aldrin devant des millions de téléspectateurs qui resteront marqués à tout jamais par cet exploit digne de Jules Verne... Quand on pense à la confiance dont ces trois personnes ont fait montre pendant toute la durée de la mission Apollo 11, on reste sans voix : il leur a fallu faire confiance à la technologie, aux ingénieurs américains restés sur le sol terrestre et se faire confiance les uns les autres. Pensez à la confiance qu'il a fallu à Neil Armstrong et Edwin Aldrin envers Michael Collins, le troisième homme, indispensable pour le retour sur terre, pendant ce temps-là en orbite autour de l'astre lunaire... Il leur a fallu se retrouver en orbite lunaire au millimètre prés avant de prendre la direction de la belle bleue.

Ce que l'on connaît moins, c'est que le 20 juillet, le module lunaire s'est posé sur la Lune après une grosse frayeur et grâce à l'incroyable sang-froid de Neil Armstrong. En effet, le site prévu pour l'alunissage ayant été dépassé de sept kilomètres à cause d'un retard de $1/10^e$ de seconde à l'allumage du moteur de descente du Lunar Module et pour cause de saturation de l'ordinateur qui gérait la descente, Neil Armstrong a dû prendre le contrôle manuel du module lunaire et prolonger le vol à la limite du carburant disponible afin de trouver un site adapté. Si le commandant Neil Armstrong n'avait pas été choisi pour ses qualités spécifiques, s'il n'avait pas suivi un entraînement approprié, le Lunar Module se serait écrasé sur le sol lunaire et Michael Collins serait revenu tout seul sur Terre — ce qui n'était pas gagné non plus, même s'il avait également été entraîné pour mettre ce scénario en application…

La mission Apollo 11 réalise par là même la volonté du président américain John F. Kennedy…

• Risques majeurs de la mission Apollo 11 :

Risque politique : un pari politique fou.

Risque de délai : une véritable course contre la montre pour devancer l'ennemi de l'époque : l'URSS.

Risque technologique : plusieurs technologies nouvelles telles que l'ordinateur à utiliser dans un milieu extrême.

Risque humain : une composante humaine importante.

• Dispositif de Maîtrise des Risques de la mission Apollo 11 :

La croyance de toute une Nation que « c'est possible ».

Beaucoup de travaux durent être réalisés pour réussir ce vieux rêve de l'histoire de l'Humanité avec une obligation de réussite et de nombreux risques à prendre en compte. Nul doute que le projet Apollo 11 reste, pour les personnes qui étaient enfants en 1969, le projet technologique le plus extraordinaire que l'on ait connu et également un bon exemple de mise sous contrôle des risques d'un projet !

La phase d'évaluation de la criticité des risques succède à phase d'identification des risques du projet.

PRISE EN COMPTE DE LA CRITICITÉ DES RISQUES

Après les phases de perception et d'identification des risques, dans laquelle le facteur humain et culturel joue un rôle essentiel, comme nous venons de le voir, il faut aussi évaluer les risques en tenant compte de leurs conséquences possibles.

Dans cette phase d'évaluation, on prend en compte l'ensemble des paramètres de la vulnérabilité : causes (facteurs de risques ou périls), objets de risque (organisations ou ressources à risque), et conséquences (impact) avec leurs gravités potentielles.

À SAVOIR

Une première méthode consiste à adopter une approche statistique. De même que les mathématiciens ont voulu quantifier le hasard en inventant les probabilités, les économistes ont voulu quantifier l'incertitude économique en modélisant les risques.

Cette quantification, qui garde toujours un côté plus ou moins estimatif, est réalisée à partir de séries statistiques historiques. La théorie financière tend à confondre le risque réel d'un actif financier et l'indicateur de risque qu'est la volatilité passée du prix de cet actif, bien que rien ne dise que les évolutions passés soient un bon indicateur du futur. Les probabilités subjectives ou objectives, des algorithmes de calcul, dont la célèbre méthode de Monte-Carlo, ou des scénarios futurs de gains et pertes peuvent également être mis en jeu.

C'est ainsi que la théorie financière a fortement développé l'utilisation de mathématiques probabilistes pour estimer la valeur des actifs. En principe, plus le risque pesant sur un actif est fort, plus son prix sur le marché est bas et son rendement attendu élevé, si du moins le marché est efficient. Cette approche est surtout adoptée dans les milieux où l'on peut disposer de statistiques et de modèles pour les exploiter. C'est en particulier le cas des milieux financiers.

À SAVOIR

Les experts en gestion des risques ont développé une méthode d'évaluation appelée « fréquence – gravité » qui consiste à calculer un poids du risque à partir de plusieurs critères. Généralement évalués de 1 à 4, ils varient selon les experts et les méthodes, mais on retrouve généralement la fréquence du risque quantifiant la probabilité que le risque devienne réalité, la gravité de la conséquence et la maîtrise par les personnes concernées des risques dans le domaine.

Dommages collatéraux

Un aspect souvent négligé en matière d'identification des risques correspond aux dommages collatéraux que la survenance d'un risque peut provoquer.

L'accident du site d'AZF

L'accident du site AZF[1] de Toulouse, le 21 septembre 2001, a entraîné de nombreux sinistres (dommages collatéraux) sur les bâtiments et les populations à proximité. Et le pire a certainement été évité, à savoir une pollution chimique de grande ampleur sur un site situé jadis en rase campagne, mais depuis rattrapé par la grande banlieue de la ville de Toulouse.

Un autre type de risque également souvent négligé correspond au risque systémique qui peut se répandre, tel un jeu de cartes, dans tout un secteur d'activité.

La crise financière du secteur bancaire

On parle beaucoup du risque systémique du secteur bancaire. Il est vrai que toutes les banques sont en relation quotidienne et échangent d'énormes quantités d'argent entre elles afin de subvenir à leur activité et leurs échéances quotidiennes. Ce mode de fonctionnement se traduit par un risque général entraîné par la défaillance de l'une d'elles. La réalisation du risque systémique a été concrètement vue lors de la crise financière de la fin 2008, obligeant les gouvernements à renflouer certaines banques qui ne trouvaient plus les liquidités nécessaires.

Évaluer la criticité

Pour chaque risque identifié, il est nécessaire d'en évaluer la criticité, appelée risque brut, c'est-à-dire avant la mise en œuvre d'un dispositif de maîtrise des risques. La criticité est évaluée à l'aide de la formule de calcul suivante : Probabilité brute × Gravité × Durée.

---

1. Usine chimique (AZote Fertilisants) certifiée ISO 14001 et 9002, et classée Seveso, appartenant à la société Total.

Probabilité d'apparition

Comment évaluer la probabilité d'apparition d'un risque ? Pour simplifier, on distingue habituellement trois degrés de probabilité :

- Probabilité faible : il est peu probable que le risque se réalise.
- Probabilité moyenne : il existe des signes indiquant que le risque peut se réaliser.
- Probabilité forte : le risque est certain ou en passe de se réaliser.

Gravité

Comment évaluer la gravité d'un risque ? Pour simplifier également, on distingue habituellement trois degrés de gravité :

- Gravité faible : ne compromet pas l'atteinte des objectifs du projet en termes de coûts, de délai et de qualité.
- Gravité moyenne : peut affecter le périmètre du projet et éventuellement nécessiter un avenant.
- Gravité forte : peut avoir comme conséquence une perte financière, une insatisfaction du client, voire l'arrêt du projet.

Durée

Comment évaluer la durée d'un risque ? En ce qui concerne la durée, on distingue là encore trois degrés :

- court terme : quelques jours à quelques semaines ;
- moyen terme : plusieurs mois ;
- long terme : plusieurs années.

Trois types de risques

On distingue alors neuf situations caractéristiques se traduisant par trois types de risques.

Le premier type contient les risques négligeables à ne pas prendre en compte :

- probabilité faible x criticité faible ;
- probabilité faible x criticité moyenne ;
- probabilité moyenne x criticité faible.

Le deuxième groupe rassemble les risques à suivre :
- probabilité faible × criticité forte ;
- probabilité forte × criticité faible ;
- probabilité moyenne x criticité moyenne.

Enfin, le troisième type regroupe les risques à traiter :
- probabilité moyenne x criticité forte ;
- probabilité forte × criticité moyenne ;
- probabilité forte × criticité forte.

L'acquisition stratégique d'une entreprise de distribution, France

Dans le cadre d'un projet d'acquisition stratégique, une société de distribution a réalisé une cartographie des risques relatifs à ce projet. Pour coter chacun des risques, elle a tenté d'utiliser les trois critères : probabilité d'apparition du risque, gravité en cas de survenance et durée. Le calcul de la criticité a permis de classer les risques. Comme le paramètre « durée » ne s'est pas avéré déterminant, il n'a pas été retenu. Seuls ont donc été retenus les paramètres « probabilité » et « gravité ». La combinaison de ces deux facteurs a permis de déterminer la criticité de chaque risque et de s'interroger sur leur niveau d'acceptabilité et les actions à conduire.

Grille de qualification de la probabilité brute d'apparition

Note	*Probabilité*
10	Probabilité certaine de survenance de l'événement si aucune action n'est entreprise.
7	Probabilité probable de survenance de l'événement, mais pouvant être évitée par la mise en place d'actions appropriées.
4	Probabilité éventuelle de survenance de l'événement en l'absence de toute action.
2	Probabilité minime de survenance de l'événement en l'absence de toute action.

Grille de qualification de la gravité

Note	Gravité
10	Risque vital/menace sur la survie de l'organisation en tant qu'entreprise indépendante si aucune action n'est entreprise.
7	Risque menaçant gravement l'atteinte de l'intégralité des objectifs stratégiques de l'organisation, mais pouvant être évité par la mise en place d'actions appropriées.
4	Risque menaçant de façon significative l'atteinte de l'un des objectifs stratégiques de l'organisation en l'absence d'actions appropriées.
2	Risque ayant un impact modéré sur l'atteinte de l'un ou de l'autre des objectifs stratégiques de l'organisation en l'absence d'actions appropriées.

Grille de qualification de la durée (persistance des effets de l'événement : pollution, image, réputation, etc.)

Note	Durée
10	Long terme (au-delà de dix ans).
7	Moyen terme (plusieurs années).
4	Court terme (quelques semaines à quelques mois).
2	Très court terme (quelques jours à quelques semaines).

IMPACTS SUR LE SYSTÈME D'INFORMATION DE L'ENTREPRISE

Dans la phase 1, nous avons évoqué les risques inhérents aux projets informatiques. Mais les risques propres à un projet informatique ne s'arrêtent pas à celui-ci et peuvent avoir des impacts sur l'ensemble du système d'information de l'entreprise.

Les projets informatiques ont de fait un impact sur le système d'information de l'entreprise. Le risque est que le résultat du projet détériore le plan de continuité des activités du système d'information.

Indisponibilité tolérable

La sécurité des systèmes d'information repose sur quatre facteurs qui s'appliquent aux flux, aux traitements et aux données. Un projet ayant un impact sur le système d'information peut aussi en avoir sur sa disponibilité (aptitude des systèmes à remplir une fonction dans des conditions prédéfinies d'horaires, de délais et de performances). Il sera alors nécessaire de déterminer le niveau d'indisponibilité tolérable :

– Niveau 0 : une indisponibilité ne provoque aucune perturbation notable et la reprise de l'activité est aisée (la durée maximum d'indisponibilité tolérable est typiquement de plusieurs jours).

– Niveau 1 : une indisponibilité est considérée comme un incident mineur et la reprise de l'activité est réalisée sans forte perturbation (la durée maximale d'indisponibilité tolérable est comprise entre deux et quelques jours).

– Niveau 2 : une indisponibilité est supportable mais la reprise de l'activité peut demander des efforts importants (la durée maximum d'indisponibilité tolérable est typiquement d'un à deux jours).

– Niveau 3 : une indisponibilité provoque une forte perturbation et la reprise de l'activité peut demander des efforts importants (la durée d'indisponibilité tolérable est de l'ordre de quelques heures).

– Niveau 4 : les conséquences d'une indisponibilité sont difficilement mesurables et l'activité globale est très fortement perturbée (la durée d'indisponibilité tolérable est de l'ordre de trente minutes à une heure).

Disponibilité horaire

Il sera également utile de déterminer le niveau de disponibilité horaire :

– Disponibilité pendant les heures de bureau du fuseau horaire du site d'exploitant : les utilisateurs sont donc localisés géographiquement et aucun traitement de nuit n'est effectué.

– Disponibilité 24 heures sur 24 les jours ouvrés : les utilisateurs sont localisés dans le monde entier et/ou l'application effectue des traitements de nuit.

- Disponibilité 24 heures sur 24 et 7 jours sur 7 : les utilisateurs sont localisés dans le monde entier et/ou l'application effectue des traitements de nuit y compris le samedi, le dimanche et les jours fériés.

Intégrité du système d'information

Il sera également important de déterminer l'impact du projet sur l'intégrité du système d'information (propriété qui assure que des informations sont identiques en deux points dans le temps et dans l'espace) :

- Niveau 0 : la perte d'intégrité des données ne risque pas de causer une gêne notable dans l'activité à court et long terme.

- Niveau 1 : la perte d'intégrité de l'application ou de l'une des données est susceptible de provoquer un incident mineur, sans forte perturbation.

- Niveau 2 : la perte d'intégrité de l'application ou de l'une des données est susceptible de provoquer des perturbations gênantes.

- Niveau 3 : la perte d'intégrité de l'application ou de l'une des données est susceptible de provoquer de fortes perturbations globales mais délimitées et acceptables.

- Niveau 4 : la perte d'intégrité de l'application ou de l'une des données est susceptible d'engendrer des dommages très importants difficilement mesurables et acceptables.

Confidentialité des données

De même, il sera important de déterminer l'impact du projet sur la confidentialité des données du système d'information (propriété qui assure la tenue secrète des informations avec accès aux seules personnes autorisées) :

- Niveau 0 : information publique.

- Niveau 1 : information interne à l'entreprise.

- Niveau 2 : information à diffusion restreinte au sein de l'entreprise.

- Niveau 3 : information secrète au sein de l'entreprise.

Contrôle et preuve

Enfin, il sera important de déterminer l'impact du projet sur le système d'information en matière de contrôle et de preuve — faculté de vérifier le bon déroulement d'une fonction et non-répudiation (impossibilité de nier avoir reçu ou émis un message) :

- Niveau 0 : aucun historique n'a besoin d'être mis en œuvre.
- Niveau 1 : seuls les événements concernant l'utilisation de l'application doivent être exploités.
- Niveau 2 : l'opération réalisée doit être enregistrée et conservée avec un minimum d'information.
- Niveau 3 : l'opération réalisée doit être enregistrée et conservée, ainsi que l'identification de l'utilisateur à l'origine de ces informations.
- Niveau 4 : le détail de l'opération réalisée doit être enregistré et conservé. De plus, l'identification des utilisateurs ayant réalisé l'opération doit être garantie et utilisée comme preuve.

UNE DÉMARCHE EFFICACE

La démarche AMDEC (Analyse des Modes de Défaillance, de leurs Effets et de leurs Criticité) est une méthode basée sur les défaillances constatées. Elle permet une détermination de la criticité des risques fondée sur des notions très pertinentes :

- occurrence de la défaillance ;
- probabilité de non-détection de la défaillance ;
- effet sur le client.

Elle diffère par là même des autres démarches puisqu'elle intègre la capacité d'identifier les défauts avant la livraison du produit au client. La démarche AMDEC constitue une référence dans le secteur industriel. Elle est notamment utilisée dans le cadre des nouveaux produits et notamment au stade de qualification, entre le prototype et la présérie.

La fabrication d'une nouvelle gamme d'appareils électriques, Espagne

Dans le cadre de la mise en fabrication d'une nouvelle gamme d'appareils électriques, une société industrielle a utilisé la démarche AMDEC afin de coter la criticité des risques liés aux différents processus concernés (cette démarche est présentée plus loin dans l'ouvrage).

Grille de qualification de la probabilité de non-détection des risques

Probabilité de non-détection	Note
1/1	10
1/2 à 1/5	7
1/5 à 1/20	4
Inférieur à 1/20	1

Grille de qualification de la probabilité brute d'apparition des risques

Probabilité de la défaillance	Note
1/1 à 1/5	10
1/5 à 1/20	7
1/20 à 1/100	4
Inférieur à 1/100	1

Grille de qualification de la gravité des risques

Effet sur le client	Note
Accident corporel du client ou blocage de l'opération suivante du processus	10
Forte gène du client	7
Faible gène du client	4
Le client ne s'en rend pas compte	1

Une autre façon d'utiliser la démarche AMDEC consiste à se caler sur les exigences des clients. Ceci est d'autant approprié que ces derniers sont des entreprises de taille mondiale bénéficiant d'une image reconnue exigeant par là même des spécifications de fabrication draconiennes car passibles de pénalités astronomiques en cas de défaut...

La fabrication de nouveaux composants mécaniques, Italie

Dans le cadre d'un projet de conception/fabrication en série de nouveaux composants mécaniques pour le compte d'une société cliente américaine procédant à l'assemblage des composants dans la construction d'engins roulants, la démarche AMDEC a été utilisée pour définir le DMR adapté aux exigences des clients.

Cote	Gravité du risque	Probabilité brute d'apparition du risque	Probabilité de non-détection du risque
1	Effet minime (le client ne s'aperçoit pas du défaut).	Minime (défaillance improbable : < 1/100000)	Certaine (calculs et essais permettant de détecter de façon quasi certaine une cause de défaillance et le mode associé).
2	Effet négligeable (défaut observé par un client averti ; pas de dégradation notable des performances).	Extrêmement faible (défaillance presque improbable : 5/100000)	Très forte.
3	Effet mineur (défaut observé par la plupart des clients, facilement réparable ; légère dégradation des performances).	Très faible (relativement peu de défaillances : 1 / 10 000)	Forte.
4		Faible (peu de défaillances : 5 / 10 000)	Moyennement forte (chance moyennement forte que les calculs et les essais permettent de détecter de façon certaine une cause de défaillance et le mode associé)..../...

5	Effet moyen (irritation du client, frais de réparation modérés ; dégradation des performances)	Moyenne (défaillances très occasionnelles : 1 / 1 000)	Moyenne.
6		Moyenne (défaillances occasionnelles : 5 / 1 000)	Faible.
7	Effet important (mécontente-ment du client, réparation obligatoire ; forte dégrada-tion des perfor-mances)	Forte (quelques défaillances répétitives : 1/100)	Très faible (chance très faible que les calculs et les essais permettent de détecter de façon certaine une cause de défaillance et le mode associé).
8		Forte (défaillances répétitives : 5/100)	Minime
9	Effet très impor-tant (défaut pouvant entraîner une panne brutale de la machine : perte des fonc-tions primaires).	Très forte (défaillance quasi-ment inévitable : 1 / 10)	Très minime
10	Effet critique (impliquant des problèmes de sécurité ou de non-conformité à la réglementa-tion).	Très forte (défaillance quasi-ment inévitable : 5 /10)	Absolument incer-taine (pas de calculs et d'essais programmés).

Chaque risque a donc été coté avec la formule : Criticité = Occurrence × Probabilité de non-détection × Gravité

Exemple : risque de joint torique poreux

- Gravité du risque : « effet négligeable » = 2

- Probabilité brute d'apparition du risque (occurrence) : « forte » = 7

- Probabilité de non-détection : « forte » = 3

- Criticité du risque : $2 \times 7 \times 3 = 42$

Puis les risques sont été classés selon leur criticité ; ceux en tête de liste ont bénéficié d'un contrôle qualité approprié.

Une fois terminée la phase d'évaluation de la criticité des risques du projet, il est possible de passer à la phase d'évaluation de l'efficacité du DMR en place.

Outil – Livrable : AMDEC

L'AMDEC a été développé en 1949 par l'armée américaine (Référence Militaire MILP1629 : « Procédures pour l'Analyse des Modes de Défaillance, de leurs Effets et leurs Criticité » publiée le 9 novembre 1949). Depuis 1988, avec les normes ISO 9000 et QS 9000, les fournisseurs automobiles doivent utiliser la planification qualité du procédé (APQP), incluant l'outil AMDEC et développant des plans de contrôle. C'est une technique multidisciplinaire d'analyse de risque utilisée pour déterminer les modes de défaillance potentiels d'un procédé ou d'un produit (la sévérité de leurs effets et la probabilité d'occurrence) et les causes et mécanismes associés avec chaque mode de défaillance (l'habileté à les détecter). Elle permet de prioriser les interventions d'amélioration continue (réduire les risques les plus grands, élaborer des plans d'actions et allouer les ressources de façon rationnelle) et de formaliser la documentation. L'intérêt de l'AMDEC est de déterminer les points faibles d'un système et y apporter des remèdes, préciser les moyens de se prémunir contre certaines défaillances, étudier les conséquences de défaillances vis- - vis des différents composants, classer les défaillances selon certains critères, fournir une optimisation du plan de contrôle, enfin une aide éclairée à l'élaboration de plans d'intervention. Elle aide à « Pré-voir » pour ne pas être obligé de « Re-voir ».

- Premier critère : Occurrence (O) :

L'occurrence caractérise la probabilité ou la fréquence d'apparition de la cause qui entraînera la défaillance. On passe de la note « 1 » pour une probabilité très faible à la note « 10 » pour une probabilité très forte. Il convient donc de déterminer la grille de notation qui dépend de la taille des séries, de la vitesse du processus de fabrication, etc.

Exemples de degrés d'occurrence :

Valeur	Critères	Taux possible
1	Défaillance presque impossible	Presque jamais
2	Très basse, défaillance très isolée	Une fois par période de deux ans
3	Basse, défaillance isolée	Une fois par an
4		Une fois par semestre
5	Modérée, occasionnelle	Une fois par trimestre
6		Une fois par mois
7	Haute, nombreuses	Une fois par semaine
8	défaillances	Une fois par jour
9		Une fois par quart de travail
10	Très haute, défaillance presque inévitable	Plus d'une fois par quart de travail

- Deuxième critère : Probabilité de non-détection (D) :

La probabilité de non-détection caractérise la probabilité que la défaillance ne soit pas détectée avant son arrivée chez le client (ou le risque de laisser passer un produit défectueux).

On passe de la note « 10 » pour une probabilité très forte de laisser passer un produit défectueux à « 1 » pour une probabilité très faible.

Exemples de probabilités de non-détection :

Valeur	Critères
1	Signe avant-coureur de la défaillance que l'opérateur pourra éviter par une action préventive ou alerte automatique d'incident.
2	
3	Il existe un signe avant-coureur de la défaillance, mais il y a un risque que ce signe ne soit pas perçu par l'opérateur.
4	
5	Le signe avant-coureur de la défaillance n'est pas facilement décelable. .../...
6	

7	Il n'existe aucun signe avant-coureur de la défaillance mis à part l'inspection finale du produit.
8	
9	Il n'existe aucun signe avant-coureur de la défaillance avant l'utilisation du produit par le client.
10	

- Troisième critère : Gravité (G) :

La gravité caractérise la gravité de l'effet de la défaillance pour le client. On passe de la note « 1 » pour une gravité faible (insignifiante pour le client) à « 10 » pour une gravité très forte (risque de mort d'homme par exemple).

Exemples de critères de sévérité :

Valeur	*Critères*
1	Défaillance mineure ne provoquant qu'un arrêt de production faible (< 1 heure) et aucune dégradation notable.
2	
3	Défaillance moyenne nécessitant une remise en état ou une petite réparation et provoquant un arrêt de production d'une à huit heures
4	
5	Défaillance critique nécessitant un changement du matériel défectueux et provoquant un arrêt de production de huit à quarante-huit heures.
6	
7	Défaillance très critique nécessitant une grande intervention et provoquant un arrêt de production de deux à sept jours.
8	
9	Défaillance catastrophique impliquant des problèmes de sécurité et/ou une production non conforme et provoquant un arrêt de production supérieur à sept jours.
10	

- Criticité (C) :

Cet indicateur caractérise l'importance de la défaillance. La criticité synthétise les trois paramètres précédents :

> ***Criticité : Occurrence × Probabilité de non-détection × Gravité***

Si chaque facteur est noté de 1 à 10, la criticité de chaque défaillance peut varier de 1 ($1 \times 1 \times 1$) à 1 000 ($10 \times 10 \times 10$). La mesure de la criticité permet de hiérarchiser les défaillances potentielles. La réalisation d'un diagramme de Pareto permet de visualiser ce classement.

Ce type d'outil met en évidence la règle dite des 20/80, c'est-à-dire que généralement :

– 20 % des risques identifiés représentent souvent 80 % des défaillances constatées ;

– 30 % des risques identifiés représentent souvent 15 % des défaillances constatées ;

– 50 % des risques identifiés ne représentent souvent que 5 % des défaillances constatées.

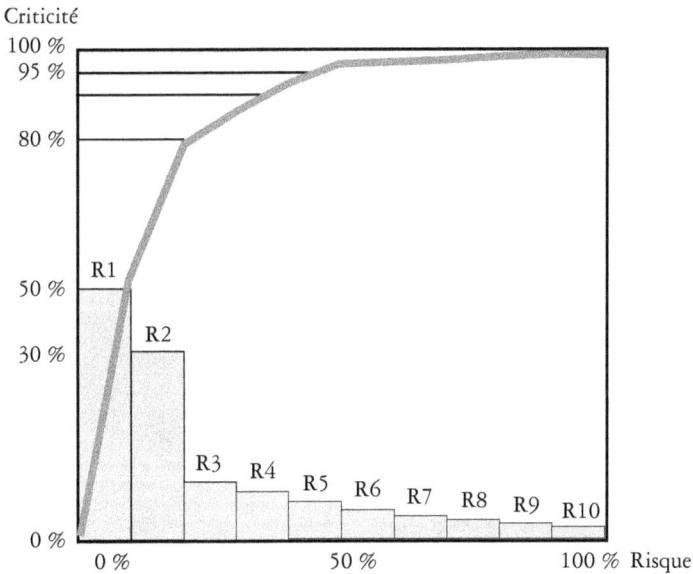

Comme il serait trop coûteux de traiter simultanément toutes les causes de défaillance, on peut fixer un seuil au-dessus duquel on mettra en œuvre des actions correctives. Le seuil courant est de 100, mais certains clients peuvent en imposer un autre (36 pour PSA Peugeot Citroën par exemple).

Évaluation de l'efficacité du Dispositif de Maîtrise des Risques

« Un con qui marche va plus loin qu'un intellectuel assis. »

Michel Audiard

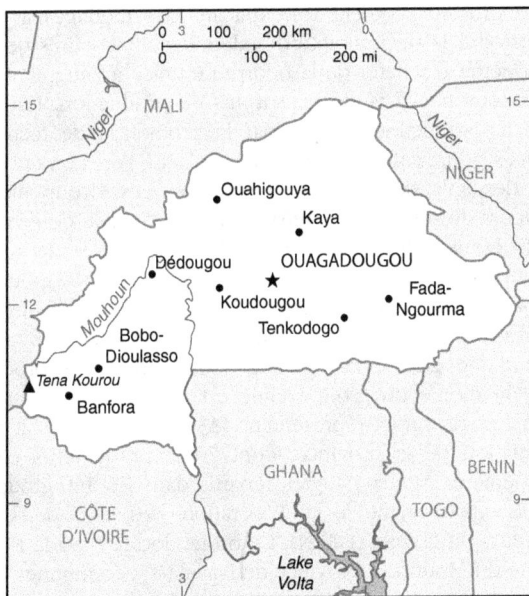

0 3 100 200 km
0 100 200 mi

MALI

Niger

NIGER

•Ouahigouya

Kaya•

•Dédougou OUAGADOUGOU

★

Koudougou• •Fada-
Ngourma

Mouhoun

Bobo- Tenkodogo•
Dioulasso•

▲ *Tena Kourou*
•Banfora

GHANA BENIN

CÔTE
D'IVOIRE TOGO

*Lake
Volta*

Carte du Burkina Faso

La réduction de l'extrême pauvreté dans la région de Nayala, Burkina Faso[1]

Située dans la région de la Boucle du Mouhoun, Nayala est la province qui subit la plus forte dégradation continue de ses ressources forestières au Burkina Faso. La population de la région vit essentiellement de l'agriculture ; 60,4 % des personnes sont considérées comme pauvres, un quart vit dans l'extrême pauvreté. On assiste à une dégradation accélérée de l'environnement, avec en toile de fond une crise énergétique aiguë et une baisse de la production agricole. La pauvreté est galopante, avec des répercussions évidentes sur l'écosystème. La cause fondamentale de cette insécurité alimentaire est la baisse de la productivité alimentaire causée par la sécheresse et la dégradation des ressources naturelles. La situation a empiré avec la croissance démographique qui a occasionné une plus grande pression sur les terres cultivables. Les périodes de jachère très courtes et le surpâturage ont dégradé les terres de pâture et augmenté l'érosion des sols. Le déboisement s'est accru et les populations, en particulier les femmes, dépensent plus de temps pour la recherche du bois de chauffe que pour la culture des champs. Les producteurs enregistrent surtout un grand déficit alimentaire pendant la période de soudure entre les récoltes. Sur la base d'une démarche participative menée avec les producteurs, le projet renforcera les capacités des ménages à produire pour accroître la disponibilité des denrées alimentaires de base et leur permettra d'acheter de la nourriture grâce à l'augmentation de leurs revenus par la vente du surplus de production. L'augmentation de la production se fera par la promotion de technologies améliorées pour renforcer la maîtrise de l'eau, l'érosion et la réhabilitation des sols dégradés. La Fédération des Groupements des Producteurs du Nayala est une structure provinciale de producteurs existant depuis la fin des années 1990 et composée de six unions de groupements départementaux regroupant 160 groupements villageois de base, tous reconnus. Elle a une très bonne représentativité jusqu'au niveau du village, dans l'ensemble de la province, et dispose d'une grande capacité de mobilisation des producteurs. Plus de la moitié du groupe ciblé est constitué de femmes. Les bénéficiaires du projet représentent 143 446 habitants, soit 50 % de la population de la province, dont 70 000 producteurs parmi les 10 139 ménages ruraux pauvres répartis dans les 160 groupements villageois appartenant à la Fédération des Groupements des Producteurs du Nayala (FGPN). Ce projet, localisé sur la Région de la Boucle du Mouhoun/Province du Nayala/six communes (Gassan,

---

1. Source : www.sossahel.org.

Gossina, Kougny, Toma, Yaba, Yé), démarré en janvier 2008 pour une durée de quatre ans et un budget de 1 177 000 € financé par des donateurs particuliers et l'Union européenne, a les objectifs suivants :

– améliorer durablement la sécurité alimentaire des ménages ruraux pauvres ;

– réduire l'extrême pauvreté et la faim ;

– créer un environnement durable ;

– réduire la mortalité infantile ;

– renforcer les capacités des organisations locales de développement.

• Risques majeurs du projet Nayala :

Risque géographique : conditions climatiques.

Risque humain : croissance démographique.

• Dispositif de maîtrise des Risques du projet Nayala :

– un pilotage rigoureux ;

– une appropriation du projet par les populations concernées ;

– des compétences locales de qualité.

La phase d'évaluation de l'efficacité du DMR succède à celle d'évaluation de la criticité des risques. Nous allons ici examiner la notion de risque net. Ainsi, chaque risque identifié possède généralement déjà tout ou partie de son DMR (exemple : le risque fournisseurs peut être géré par les procédures édictées par la Direction des achats de l'entreprise). L'efficacité d'un DMR doit être évaluée en fonction de sa capacité à :

• éviter la survenance des risques ;

• réduire les impacts des risques en cas d'apparition ;

• transférer les risques sur une tierce personne en cas de besoin.

Prenons l'exemple d'un DMR bancaire portant sur le crédit immobilier. Le banquier ne prête qu'aux riches… C'est un peu exagéré. Il serait plus vrai de dire que le banquier ne prête que quand il maîtrise les risques. Dans le cas d'un crédit immobilier, l'utilisation d'une grille de scoring permet au banquier d'éviter de prendre un « mauvais risque » (principe de prévention). De plus, la prise d'une garantie ou d'une hypothèque sur le bien permet au banquier de se payer sur la bête en cas de non-remboursement, à condition que le marché de l'immobilier ne soit pas déprimé... (principe de réduction de l'impact). Enfin, la prise d'une assurance par le client permet au banquier de transférer le risque de non-remboursement sur un assureur (principe de transfert).

Si l'on prend à présent l'exemple de DMR comptable, voici une check-list de contrôle de la qualité des opérations comptabilisées :

- Exhaustivité : aucune ne doit être oubliée.
- Réalité : elles doivent correspondre à des événements réels.
- Unicité : elles ne doivent pas être passées plusieurs fois.
- Propriété : elles doivent concerner l'entreprise.
- Évaluation : elles doivent être enregistrées pour le bon montant.
- Comptabilisation : les événements de gestion doivent se traduire par des comptabilisations sur les comptes correspondants.
- Césure : les opérations doivent être enregistrées sur le bon exercice comptable.

Cependant, dans certains cas, les risques ne possèdent aucun DMR. Dans ce cas, et pour chaque risque à criticité élevée, on calcule le risque net, c'est-à-dire le risque brut diminué du degré d'efficacité du DMR existant. On utilise pour cela la formule suivante : Criticité x DMR.

L'efficacité des DMR est évaluée entre 0 et 1 :

- 0 = DMR annulant totalement le risque.
- 1 = DMR inexistant ou inefficace.

En fonction du résultat, on doit améliorer le DMR ou non.

Une fois la phase d'évaluation de l'efficacité du DMR terminée, il est possible de passer à la phase de détermination des plans d'action visant à renforcer ce DMR. En effet, il est rare que le DMR soit suffisant.

Phase 4

Détermination des plans d'action en vue de renforcer le Dispositif de Maîtrise des Risques

« Des paroles qui ne s'accordent pas aux actes sont sans valeur. »

Ernesto « Che » Guevara

La construction de la pyramide de Khéops, Égypte (suite)

- Données architecturales :

La grande pyramide de Khéops est la plus ancienne des sept merveilles du mode antique ; elle est aussi la seule à avoir survécu... Quand elle fut construite, vers 2500 ans avant notre ère, la grande pyramide mesurait 148 mètres de haut. Elle a depuis perdu neuf mètres, car elle était couverte à son sommet, pour en aplanir la surface, d'un revêtement de pierre qui s'est sévèrement érodé avec le temps. La grande pyramide est composée de six millions de blocs de pierre ayant nécessité un travail de taille de 125000 blocs par an, soit 1369 blocs à tailler, livrer, hisser, ajuster chaque jour alors que les Égyptiens ne connaissaient ni la roue, ni le palan ou la poulie... Au total, les pierres qui la composent représentent l'équivalent d'un mur de trois mètres de haut et de trente centimètres d'épaisseur qui ferait le tour de la France, comme l'avait calculé Bonaparte. Khéops employa à l'édification de la grande pyramide une immense armée humaine. Cent mille hommes renouvelés tous les trois mois furent nécessaires pour construire en dix ans la chaussée par où l'on devait traîner les pierres, puis pour la pyramide elle-même en vingt ans supplémentaires.

• Astronomie :

De nos jours, même avec notre technologie actuelle, il est très diffi-cile de réaliser une bonne orientation. La boussole exige des corrections puisqu'elle n'indique que le nord magnétique ; la méthode astronomique basée sur l'étoile polaire ne vaut pas mieux, car celle-ci ne se situe pas au vrai pôle du ciel. Par suite de son balancement, l'axe de la Terre est dirigé d'année en année vers des points successifs du ciel ; il faut 25 800 ans pour qu'elle revienne à son point de départ. C'est dire l'effarement des astronomes de l'Observatoire de Paris lorsqu'ils constatèrent dans les années 1960 que l'orientation de la pyramide était exacte, à quatre minutes trente-cinq secondes prés... L'angle d'inclinaison des côtés de la grande pyramide est de 51 degrés, 51 minutes. Sa base est un carré presque parfait de 232 mètres de côté. La marge d'erreur entre les côtés est inférieure à 0,1 %... L'erreur moyenne sur les angles droits de la base est de $0°3'6''$. L'erreur moyenne sur l'orientation suivant les quatre points cardinaux est aussi de $0°3'6''$. Mais il faut savoir que si l'on prend en compte la variation du pôle magnétique Nord ces 4 500 dernières années, l'orientation de la pyramide de Gizeh ne diffère que de $0°0'6''$ sur l'axe du méridien, ce qui est négligeable. Les Égyptiens de l'âge du bronze ont obtenu une précision de 1/1 800ᵉ de degré ! Chacune des faces de la grande pyramide est soigneuse-ment orientée vers l'un des points cardinaux : le nord, le sud, l'est et l'ouest. La grande pyramide a été bâtie avant toutes les autres. Son revêtement, en pierres triangulaires du calcaire le plus blanc et le plus homogène possible constituait un ensemble de surfaces absolument polies. Les moindres fissures avaient été bouchées au moyen de minuscules morceaux de calcaire réunis eux-mêmes par une épaisseur presque indécelable de ciment. En agissant ainsi, les constructeurs n'avaient d'autre vue que d'utiliser l'aspect extérieur de la grande pyramide comme cadran solaire, soit par la réflexion des rayons, soit par le jeu des ombres au sol. C'est ainsi que la pyramide indiquait avec une précision d'horlogerie les dates du solstice d'hiver, de l'équinoxe de printemps, du solstice d'été et de l'équinoxe d'automne, pour ne citer que celles-là.

• Risque majeur de la construction de la pyramide de Khéops :

Risque technique : tailler des pierres énormes, acheminer les maté-riaux, construire un édifice de cette taille avec la précision que l'on connaît.

• Dispositif de Maîtrise des Risques de la construction de la pyra-mide de Khéops :

– utilisation d'outils et de méthodes rudimentaires mais déployés à grande échelle pour tailler les roches les plus dures et les trans-porter sur le lieu du chantier.

– utilisation optimale de la géographie et notamment du Nil ;
– techniques rudimentaires mais déployées de façon industrielle.

LES STRATÉGIES DE TRAITEMENT DES RISQUES

La détermination des actions à conduire pour renforcer le DMR du projet succède à la phase d'évaluation de l'efficacité de celui-ci. La gestion du risque est l'avant-dernière phase de traitement du risque. Elle vise à en réduire les différentes formes ou sources. Dès que l'on a évalué les plus fortes vulnérabilités, on connaît mieux les causes, les objets de risque et les conséquences pour ces vulnérabilités. Il existe diverses stratégies pour traiter les risques, comme la prévention, les actions correctives et les palliatifs.

La prévention

Elle consiste à diminuer la probabilité d'occurrence du risque en diminuant ou supprimant certains des facteurs de risque. Nous pouvons citer comme exemple les nombreuses actions menées pour empêcher de conduire sous l'emprise de l'alcool. La prévention est souvent la meilleure stratégie pour ses ressources propres, par exemple former son personnel aux risques professionnels ou choisir une méthode de fabrication sécurisée.

Les actions correctives

Elles visent à diminuer l'effet du risque lorsque celui-ci intervient. Par exemple, un harnais de protection sur un échafaudage n'a aucun effet sur les risques de chute, mais diminue fortement (voire supprime complètement) les traumatismes causés par la chute. Minimiser l'impact constitue souvent une stratégie efficace lorsque l'on ne peut agir sur le facteur de risque lui-même, mais que l'on peut agir sur ses conséquences. Par exemple, on ne peut pas empêcher une avalanche, mais on peut aménager des couloirs d'avalanche pour la canaliser.

Le palliatif ou changement de périmètre

Il consiste en quelque sorte à « profiter de l'occurrence du risque », non pour en diminuer la probabilité ou les conséquences, mais en utilisant à son profit l'événement. C'est le cas typique de l'assurance, qui n'empêche ni l'accident, ni votre maison de brûler, mais qui propose un « dédommagement » pour le préjudice subi. S'assurer est le dernier moyen de traiter les conséquences d'événements aléatoires complètement subis.

À SAVOIR

La gestion des risques consiste donc à agir sur tous les paramètres de la vulnérabilité sur lesquels on dispose d'un levier d'action possible ; les causes endogènes, ou les causes exogènes sur lesquelles l'organisation aurait des moyens d'action (parties prenantes proches) ; les ressources, en cherchant à en diminuer les faiblesses et à en augmenter les forces (voir SWOT) ; et les conséquences, en prenant les décisions propres à éviter les plus grands dangers.

LA THÉORIE DES JEUX

La gestion du risque fait parfois appel à la théorie des jeux qui associe une équation économique à des événements aléatoires, et donc un chiffre (généralement un coût) au risque. Cette théorie apporte un éclairage particulier sur la gestion des risques. Il existe en effet deux stratégies très différentes d'optimisation qui consistent à maximiser les gains ou à minimiser les pertes. Pour cela, il faut faire en sorte que l'espérance mathématique des pertes soit la plus faible possible. Les produits financiers font preuve dans ce domaine d'une très forte créativité. En revanche, celui qui cherche à maximiser les gains fera en sorte que l'espérance mathématique des gains soit la plus forte possible. Dans cette optique, ignorer les risques est malheureusement souvent la meilleure stratégie.

Bien qu'apparemment très similaires, ces deux approches aboutissent à des stratégies et des prises de décision très différentes et parfois opposées. C'est très vrai dans le cadre de la gestion de projet, et en particulier de projets informatiques, où la question posée en elle-même (comment minimiser les risques de dérapage de date d'un côté, ou comment « assurer » une date de l'autre) renvoie à un aspect négatif ou positif de l'équation économique. La connotation négative associée au risque conduit malheureusement plus souvent à « minimiser les risques » qu'à « maximiser les gains ». Les plans d'actions sont déterminés en relation directe avec le classement des risques selon leur criticité. Il est en effet tout à fait souhaitable d'orienter les énergies prioritairement vers les risques majeurs pour lesquels le DMR présente de sérieuses lacunes ou est inexistant.

Stratégie face au risque automobile couru en allant à son travail...

- Refuser le risque en refusant l'activité, l'affaire : ne plus travailler.

- Éviter le risque par disposition alternative : prendre le train plutôt que la voiture.

- Éliminer la cause : supprimer le trajet en habitant en face de son lieu de travail.

- Réduire les causes comportementales du risque : limiter la vitesse par un bridage du véhicule.

- Réduire les causes techniques : réduire les défaillances du véhicule par des révisions régulières.

- Anticiper les causes externes : s'informer (météo, état du trafic).

- Réduire les conséquences directes telles que les blessures : mettre la ceinture de sécurité.

- Minimiser la conséquence indirecte en cas d'accident : prévoir son remplacement.

- Transférer le risque : ne plus se déplacer et opter pour le télétravail.

- Externaliser le risque : faire appel à un chauffeur susceptible de mieux maîtriser la conduite automobile ; prendre une bonne assurance.

Un DMR est donc constitué de trois types de composant ayant des finalités spécifiques :

- éviter l'apparition du risque par des actions préventives et de détection ;

- réduire les effets du risque en cas de survenance par des actions correctrices ;

- transférer le risque sur un tiers par une assurance et la clarification des responsabilités des différentes parties prenantes.

UN RÉFÉRENTIEL DE CONTRÔLE INTERNE

En matière de mise sous contrôle des risques d'un projet, il est très utile de s'inspirer du référentiel de contrôle interne présenté ci-après. Ce dispositif comporte sept composants.

Composant 1 : politique de risques

Elle doit notamment fixer le profil de risques de l'entreprise vis-à-vis des projets en général et les limites acceptables pour le projet. Cela se traduit notamment par un document formalisé définissant la politique de risque ainsi qu'une cartographie des risques relative au projet.

Prenons l'exemple de critères d'appréciation des risques pour des projets informatiques :

- impacts sur la clientèle ;
- impacts économiques ;
- impacts juridiques ;
- impacts réglementaires ;
- impacts sociaux ;
- impacts organisationnels ;
- impact sur le budget engagé.

Si on l'applique à la conduite de projet, le composant 1 se traduit par l'existence d'une charte définissant les grands principes à respecter en matière de conduite de projet au sein de l'entreprise.

Composant 2 : schéma délégataire

Il présente le niveau de délégation de chaque catégorie d'acteur du projet. Si on l'applique à la conduite de projet, le composant 2 se traduit par trois éléments.

Tout d'abord, l'existence d'une organisation de projet autour des fonctions suivantes :

- fonction centrale de pilotage du portefeuille des projets de l'entreprise ;
- sponsor ;
- instances de pilotage stratégiques et opérationnelles ;

- chef de projet et équipe projet ;
- experts sollicités.

Par ailleurs, il faut un dispositif budgétaire et un processus de gestion des prestataires et des approvisionnements.

Composant 3 : séparation des fonctions

Traditionnellement, la séparation des fonctions a pour objectif de sécuriser les processus sensibles au regard des risques de malversations (l'occasion faisant le larron). Prenons trois exemples.

Sécurisation d'un processus achat

- Un acheteur passe une commande de produits à l'aide d'un bon de commande. Il est à ce titre (de même que sa hiérarchie) responsable du contrôle opérationnel de l'opération.
- Un réceptionniste réceptionne les produits sans en connaître *a priori* le nombre et signe le bon de livraison.
- Un comptable règle la facture après contrôle de cohérence entre le bon de commande et le bon de livraison.

Sécurisation d'un processus crédit immobilier

- Un chargé de clientèle en agence collecte les informations auprès d'un client, instruit le dossier et décide des conditions du prêt dans les limites de sa délégation ou fait remonter au directeur d'agence (front office) ; il est à ce titre (ainsi que sa hiérarchie) responsable du contrôle opérationnel de l'opération.
- Un contrôleur décentralisé en région vérifie la complétude du dossier, l'éligibilité de l'emprunteur et le niveau de délégation du commercial (middle office).
- Un service spécialisé du siège procède au déblocage des fonds et comptabilise l'opération (back-office).

Sécurisation des ordres dans le cadre des opérations de marché

- Un trader réalise une opération sur un marché en regard de « règles du jeu » et d'orientations données par un analyste (front office). Il est à ce titre (ainsi que sa hiérarchie) responsable du contrôle opérationnel de l'opération ;

- Un contrôleur vérifie la régularité de l'opération au regard de la politique de la banque, des limites unitaires et globales accordées au trader, de la réglementation, des procédures internes, etc. (middle office).
- Un comptable effectue le règlement de l'opération et procède aux enregistrements comptables (back-office).

Dans le cadre des projets, ce n'est pas vraiment la crainte des malversations et détournements qui est la raison première de l'utilité de la séparation des fonctions (même si les projets sont naturellement l'occasion de détournements…), mais plutôt la recherche de l'évitement de la confusion des rôles entre les acteurs et les conséquences que cette confusion entraîne.

Si on applique le composant 3 à la conduite de projet, une séparation claire des fonctions se traduit par :

- la distinction entre « maîtrise d'ouvrage » et « maîtrise d'œuvre » ;
- la distinction entre « sponsor » et « chef de projet » ;
- la distinction entre les instances : comité stratégique, comité de pilotage, comités techniques, etc. ;
- le recours aux fonctions centrales de l'entreprise : achats, personnel, assurance qualité, moyens généraux, etc.

Composant 4 : procédures écrites

Elles doivent clarifier la façon dont les travaux doivent être conduits et par qui, en précisant notamment :

- les caractéristiques des livrables ;
- les modalités de réalisation et de validation des livrables ;
- les niveaux de pouvoir (délégation) ;
- la définition et l'agencement des tâches ;
- les contrôles opérationnels ;
- les règles de gestion et de fonctionnement du groupe projet.

Les procédures sont présentées dans un référentiel de conduite des projets interne à l'entreprise et à tous les projets. Certaines procédures spécifiques, et leurs modalités d'application relatives à un projet particulier sont présentées dans le plan de management de projet

(PMP) et/ou le Plan d'Assurance et Contrôle Qualité (PACQ) (outils présentés plus loin dans l'ouvrage).

Exemple de processus de développement des produits et des systèmes dans une société industrielle

Cette méthode permet de sécuriser le projet aux différents stades par cinq jalons successifs entraînant une décision de type « go/no go » :

- Phase 1 : Exploration = > Jalon 1 : création du groupe projet.
- Phase 2 : Formulation de la faisabilité = > Jalon 2 : lancement du projet.
- Phase 3 : Conception produit/processus (prototype) = > Jalon 3 : lancement de la production en présérie et prospection clients.
- Phase 4 : Validation processus = > Jalon 4 : lancement de la production en série.
- Phase 5 : Démarrage série = > Jalon 5 : bilan du projet (retour sur investissement capitalisation des expériences).

L'application du composant 4 à la conduite de projet se traduit par l'existence d'une démarche officielle au sein de l'entreprise définissant :

- les types de projet ;
- les phases et les conditions de passage d'une phase à l'autre (go/no go) ;
- les « livrables » incontournables (dossier d'étude d'opportunité, cahier des charges, etc.) et spécifiques à chaque catégorie de projet ;
- les instances de décision stratégiques et opérationnelles ;
- les outils de pilotage et de mise sous contrôle des risques ;
- les modalités de conduite du changement...

La conduite de projet nécessite en outre un PMP et/ou un PACQ.

Composant 5 : dispositif de contrôle permanent et périodique

Formalisé dans une charte, organisé par grands risques, il présente quatre niveaux de contrôle.

CPO – Contrôles Permanents Opérationnels

- Ils sont réalisés par les acteurs opérationnels du projet au fil de l'eau.
- Ils correspondent à un autocontrôle exhaustif des travaux réalisés et/ou à des contrôles hiérarchiques.
- Ils donnent lieu à un reporting hiérarchique au sein de la structure de projet.

CP1 – Contrôles Permanents de premier niveau

- Ils sont réalisés par des contrôleurs au fil de l'eau.
- Ils correspondent à un contrôle exhaustif de certains aspects : contrôles de cohérence, respect des limites et des procédures, etc. Ils ne constituent pas des points de passage obligés.
- Ils donnent lieu à un reporting vers des fonctions de contrôle spécialisées de second degré.

CP2 – Contrôles Permanents de deuxième niveau

- Ils sont réalisés par des contrôleurs spécialisés localisés au sein d'entités fonctionnelles spécialisées (qualité, contrôle de gestion, sécurité des systèmes d'information, plan de continuité des activités, etc.).
- Ils correspondent à des contrôles de risques spécifiques : conformité à la réglementation, risques opérationnels, sécurité des systèmes d'information, etc.
- Ils donnent lieu à un reporting à la direction générale ou un comité dédié.

CP3 – Contrôles Périodiques de troisième niveau

- Ils sont réalisés par des inspecteurs/auditeurs spécialisés localisés dans des entités spécialisées (audit interne, inspection).
- Ils correspondent à des contrôles ponctuels portant sur la conformité ou l'efficacité du projet.
- Ils donnent lieu à un reporting à la direction générale, à la direction métier sponsor et à la hiérarchie du projet.

L'application du composant 5 à la conduite de projet se traduit ainsi :

- Les acteurs du projet réalisent les contrôles permanents relatifs aux travaux auxquels ils participent.

- Les responsables de domaine et de chantier et le comité de pilotage réalisent les contrôles permanents hiérarchiques.

- Un certain nombre de fonctions spécialisées telles que la direction de la qualité réalisent les contrôles permanents de second degré.

- La fonction d'audit interne et des auditeurs externes (parfois financés par le sponsor) réalisent des contrôles périodiques.

Composant 6 : déclaration des incidents/anomalies

Dans le cadre d'un projet il est impératif de mettre en place un dispositif de gestion et de suivi des anomalies. Le processus de gestion des anomalies doit permettre de suivre la bonne prise en charge des anomalies et donner de la visibilité quant à leur résolution.

Les incidents/anomalies doivent donner lieu à des déclarations centralisées. Pour ce faire, un dispositif de reporting doit prévoir :

- leur caractérisation ;
- leur consolidation ;
- leur évaluation financière ;
- leur traitement ;
- le suivi effectif des actions appropriées.

L'application du composant 6 à la conduite de projet se traduit par l'existence d'un pilotage opérationnel du projet en charge de :

- la régulation du projet dans le respect des objectifs de qualité, de délai et de budget ;
- le traitement préventif et curatif des anomalies ;
- le suivi et la validation de l'efficacité des actions mises en œuvre ;
- l'information à l'instance de pilotage stratégique en cas de sortie du cahier des charges qualité/délai/budget.

Composant 7 : dispositif de pilotage et de reporting

Il doit être formalisé et global pour permettre la correction des incidents/anomalies ; améliorer le DMR par une réduction du risque brut ; enfin, capitaliser sur les expériences.

L'application du composant 7 à la conduite de projet se traduit par l'existence de trois dispositifs :

- dispositif de pilotage au niveau de l'entreprise ;
- dispositif de pilotage au niveau de chaque projet (instance de pilotage stratégique ; instance de pilotage opérationnel ; instances de validation des lots techniques) ;
- dispositif de reporting du projet vers le sponsor (bailleur de fonds).

Composant 1 **Politique de risques**

Composant 2 **Schéma délégataire**

Composant 3 **Séparation des fonctions**

Composant 4 **Procédures écrites**

Composant 5 **Dispositif de contrôle permanent et périodique**

Composant 6 **Déclaration des incidents/anomalies**

Composant 7 **Dispositif de pilotage et de reporting**

Les sept composants d'un DMR

APPLICATION AU PROJET INFORMATIQUE

Nous allons lister les risques majeurs et les mesures préventives. Nous avons déjà évoqué à plusieurs reprises les risques spécifiques aux projets informatiques. Procédons à ce stade à un approfondissement.

Risques sur les ressources humaines

Description du risque	Actions préventives
Compétences de l'équipe insuffisantes	Structuration de l'équipe Redistribution des rôles Renforcement de l'encadrement Formation, entraide, motivation
Turn-over de l'équipe très important	Redistribution des rôles Formation, entraide, motivation Période de recouvrement Assistance externe
Absence de motivation de l'équipe	Redistribution des rôles Responsabilisation Formation

Risques sur le management

Description du risque	Actions préventives
Projet de taille excessive	Création de sous-projets avec responsables Développement incrémental Calcul des retours sur investissement, analyse de la valeur (enjeux des fonctions)
Suivi insuffisant ne permettant pas de détecter des dérives	Réunions de suivi hebdomadaires Planning détaillé Fiches d'activités
Dépendance de la sous-traitance	Demande d'engagements sur la qualité de service Contenu du contrat Suivi des réalisations sous-traitées Livraisons intermédiaires Audit qualité

Risques sur la planification

Description du risque	Actions préventives
Prévisions optimistes, ressources et budgets sous-estimés	Recoupement de plusieurs estimations détaillées des charges, coûts et plannings Remise en cause des demandes Développement incrémental Réutilisation de logiciels
Délais tendus	Planification détaillée de tout le projet Identification du chemin critique Suivi hebdomadaire de l'avancement

Risques sur les moyens

Description du risque	Actions préventives
Budget serré	Suivi régulier Réutilisation de logiciels
Indisponibilité des locaux lors des montées en charge	Report d'activités chez des prestataires externes

Risques sur la démarche

Description du risque	Actions préventives
Modifications fréquentes demandées pendant le développement	Seuil d'acceptation des changements Développement incrémental, gestion de lots Report des modifications en fin de projet, gestion de versions
Perfectionnisme	Examen critique des spécifications Maquettage Calcul des retours sur investissement, analyse de la valeur (enjeux des fonctions)
Dépendance d'autres adaptations du système d'information	Réunions de coordination Synchronisation pour la diffusion Plate-forme de test dédiée Réception commune
Flou de l'organisation maîtrise d'ouvrage/ maîtrise d'œuvre	Rédaction d'une charte de projet Création de comités de suivi
Déficience du maître d'ouvrage	Assistance externe Assistance par le maître d'œuvre Création de groupes de travail utilisateurs

Risques contractuels

Description du risque	Actions préventives
Fournitures externes défaillantes	Mise en concurrence Contrôle des références et tests de réception Analyse de compatibilité Tests de réception
Travaux sous-traités défaillants	Contrôle des références Audit de qualification

Risques fonctionnels

Description du risque	Actions préventives
Cahier des charges fonctionnel incomplet	Développement incrémental Formation des concepteurs Création de groupes de travail utilisateurs Revue du cahier des charges
Produit final ne correspondant pas aux attentes des utilisateurs	Analyse du travail (démarche d'ergonomie) : organisation, missions, etc. Maquettage Rédaction anticipée des tests de réception ou des manuels utilisateurs Exploitation des retours des sites pilote Mesure de l'insatisfaction
Mauvaises interfaces utilisateurs	Analyse du travail (démarche d'ergonomie) : prise en compte de l'utilisateur (fonction, comportement, charge de travail) Production de règles d'ergonomie Maquettage et évaluation ergonomique
Défaut de formalisation des informations, des processus	Maquettage Développement incrémental
Incompréhension des spécifications	Rencontre d'utilisateurs Maquettage
Perte des données lors du changement de système	Développement d'un outil d'analyse des bases Sauvegardes préalables Sites pilotes Renforcement de la démarche de test
Anomalies de fonctionnement	Participation des utilisateurs à la réception Sites pilotes

Risques techniques

Description du risque	Actions préventives
Importance des changements technologiques (innovation)	Identification d'experts internes Formation Assistance externe
Temps de réponse non satisfaisant	Simulation Essais comparatifs Modélisation, prototypage Observation en sites pilotes et en formation Instrumentation, réglages Suivi de tableaux de bord
Blocage sur les limites technologiques des plates-formes	Analyse technique Vérification *a priori* des performances Analyse des coûts Enquête sur les configurations
Instabilité de l'environnement Recensement des bogues connus	Choix de versions des logiciels Recommandations de configuration Accord avec les constructeurs/éditeurs
Interfaces nombreuses ou complexes avec d'autres systèmes	Spécifications détaillées des interfaces Réunions de coordination Plate-forme de test dédiée Réception commune Observation en sites pilotes et en début d'exploitation

Risques organisationnels

Description du risque	Actions préventives
Organisation des structures internes de l'organisme profondément modifiée	Communication Formation fonctionnelle des utilisateurs Assistance aux utilisateurs
Utilisateurs finaux pas impliqués	Organisation de groupes de travail pour valider les spécifications, une maquette, etc. Création d'un comité des utilisateurs Communication Choix de sites pilotes
Attitude hostile des futurs utilisateurs	Organisation de groupes de travail utilisateurs pour valider les spécifications, une maquette, etc. Création d'un comité utilisateurs Communication Formation

Une fois la phase de détermination du plan d'action d'amélioration du DMR terminée, il est possible de passer à la phase de suivi du portefeuille de risques du projet.

Phase 5

Suivi du portefeuille de risques

« On ne voit bien qu'avec le cœur, l'essentiel est invisible aux yeux. »
Antoine de Saint-Exupéry (Le petit prince)

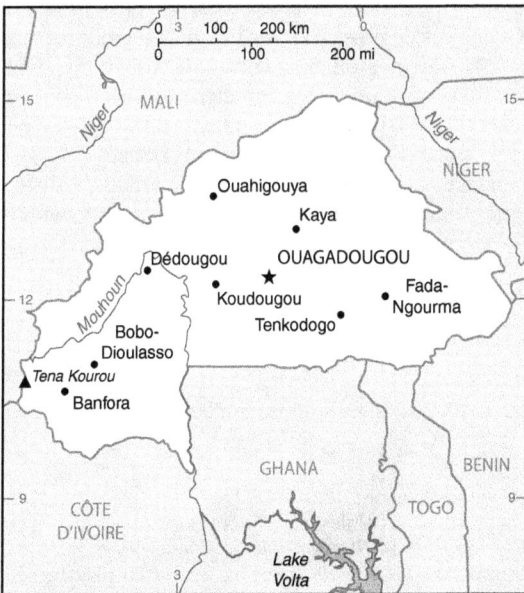

Carte du Burkina Faso

La réduction de la mortalité infantile dans la province du Bam, Burkina Faso[1]

Le Burkina Faso, pays sahélien enclavé, est classé parmi les États les plus pauvres de notre planète, 176e sur 177, selon le rapport mondial du PNUD[2] paru en 2007-2008. Il possède un climat tropical de type soudano-sahélien avec des variations pluviométriques considérables. Située dans la région centre-nord du pays, la province du Bam se caractérise par de rares pluies entraînant des migrations de plus en plus fortes des populations principalement vers les villes, le sud-ouest du Burkina et les pays côtiers. En raison des faibles productions agricoles, les ménages ruraux souffrent d'insécurité alimentaire chronique persistante : 45 % de la population burkinabée vit en état de sous-nutrition. Suite aux inondations de 2007 qui ont provoqué des milliers de victimes, l'état nutritionnel des habitants s'est aggravé et a touché particulièrement les femmes enceintes et les enfants. Le revenu agricole moyen des ménages les plus pauvres est de 12 euros par mois. La mortalité infantile constitue une priorité tant sur le plan national qu'au niveau local. Au Burkina Faso, 80 % de la population vit de l'agriculture, surtout de l'élevage, mais aussi des cultures de céréales (sorgho et mil) ; 14 % des femmes et 29 % des enfants de moins de 5 ans souffrent de malnutrition sévère ou modérée. C'est le quatrième facteur de mortalité chez ces enfants. Tous les enfants de moins de 5 ans et les femmes de la province du Bam sont directement concernés par le projet, soit 3 640 personnes. Les bénéficiaires finaux sont l'ensemble des habitants des 92 villages de la province, soit 70 000 personnes. Le projet a démarré en juin 2008 avec un budget de 100 000 euros en provenance de dons particuliers, de Kinder in Not et du Programme Alimentaire Mondial (PAM)[3] pour une durée de deux ans. Piloté par SOS Sahel, ses objectifs sont de :

– réduire la mortalité infantile ;

– guérir 200 enfants malnutris dans chaque centre de récupération et d'éducation nutritionnelle par an ;

– améliorer les pratiques nutritionnelles familiales et communautaires ;

---

1. Source : www.sossahel.org.
2. Programme des Nations Unies pour le développement faisant partie des programmes et fonds de l'ONU. Son rôle est d'aider les pays en développement en leur fournissant des conseils, mais également en plaidant leur cause pour l'octroi de dons.
3. Agence des Nations Unies dont la finalité est de fournir une aide aux pauvres souffrant de la faim dans quatre-vingts pays.

– renforcer les compétences des acteurs dans la récupération nutri-tionnelle.

• Risques majeurs du projet Bam :

Risque qualité : enjeu du projet lui-même : réduire la mortalité infantile.

Risque technique : assurer sur le plus long terme la réduction de la sous-nutrition par des actions complémentaires d'appui à la production.

• Dispositif de Maîtrise des Risques du projet Bam :

– capacité logistique pour l'organisation de la distribution des vivres ;

– partenariat étroit avec les services de santé ;

– pilotage rigoureux ;

– appropriation du projet par les populations concernées ;

– compétences locales de qualité.

La phase de suivi du portefeuille de risques du projet succède à la phase de mise en œuvre des actions d'amélioration du DMR du projet. Cette phase va donc accompagner ce dernier pendant toute sa durée.

LES DIFFÉRENTS STATUTS DES ACTIONS

La réalisation des plans d'action permet de qualifier le portefeuille des risques du projet selon leurs statuts :

– En cours : le risque est latent ; il faut impérativement le suivre et mettre en œuvre des actions de maîtrise.

– Réduit : des actions correctives ont permis de rendre le risque acceptable en jouant sur sa probabilité, sa criticité ou les deux à la fois.

– Avéré : le risque s'est avéré (réalisé) ; il est donc devenu un incident. Une gestion de cet incident doit donc être mise en œuvre.

– Terminé : le risque ne s'est pas vérifié et n'est plus d'actualité. Il peut être supprimé de la liste des risques en portefeuille.

Exemple d'un projet industriel

Prenons l'exemple d'un projet industriel avec les risques relatifs à la conception, la réalisation, l'installation et le service après-vente (SAV). Chaque phase du projet comporte des risques spécifiques, mettant ainsi en évidence la nécessaire gestion dynamique du portefeuille des risques.

Phase de conception du produit

Risques généraux	Risques spécifiques
Risques sur l'avant-projet et définition du produit	Produit coûteux à fabriquer
	Produit dangereux à fabriquer
	Solution inacceptable pour le client
	Solution déjà brevetée
Risques sur la documentation associée	Document non exhaustif
	Traduction inexacte
Risques sur l'industrialisation	Produit non industrialisable
	Produit coûteux à produire en série
	Produit dangereux à fabriquer en série
	Délai d'industrialisation non tenable
Risques sur les revues	Système qualité inexistant

Phase de réalisation du produit

Risques généraux	Risques spécifiques
Risques sur les achats, approvisionnements et magasin	Fournisseurs non fiables (fournitures non conformes, livraisons en retard, solidité financière fragile)
	Commandes défaillantes
	Pertes de fournitures
	Gestion de Production Assistée par Ordinateur (GPAO) pas fiable
	Traitement des non-conformités lent
	Défaillances de transport
	Inventaires non fiables
	Fournisseurs non réactifs
	Contrôle des matières insuffisant
	Conflits ou contentieux avec les fournisseurs .../...

Risques sur les achats, approvisionnements et magasin	Politique d'achats inadaptée
	Réactivité des achats insuffisante en termes de délai de commande
	Coût des achats non maîtrisés

Risques de fabrication

Risques généraux	Risques spécifiques
Risques de fabrication	Machines et équipes non disponibles
	Produits fabriqués non conformes aux spécifications
	Traitement insatisfaisant des produits non conformes
Risques sur le montage et d'intégration	Montage difficile, voire impossible
	Sous-traitants ne respectant pas les délais et la qualité
	Retouches réalisées lentement
	Procédure d'intégration des composants non performante
	Montage dangereux pour les ouvriers
	Composants fournis non conformes
	Bureau d'étude non disponible
	Client ayant des exigences supplémentaires se traduisant par plus d'essais
	Matériels et infrastructures dangereux
	Infrastructures de manutention et de levage insuffisantes
Risques sur le contrôle et les essais	Matériel d'intégration et de contrôle non performant
	Procédure d'intégration inefficace
	Accidents constatés auprès du personnel
	Sous-traitants non disponibles
	Impossibilité de mesurer la performance des produits fabriqués
Risques sur la recette usine	Appareils de mesure mal étalonnés
	Client indisponible
	Recette ne pouvant pas être tracée
	Documentation contractuelle incomplète
	Organismes de surveillance non informés
	Rapports de vérification incomplets, en retard et faux
	Équipe d'assurance qualité indisponible
	Procédure d'assurance qualité non validée par le client

.../...

Risques sur les revues	Anomalies non détectées
	Défaillances humaines ou d'outillage de production à l'état de prototype
Risques sur le conditionnement et les expéditions	Conditionnement insuffisamment solide
	Accidents et/ou retards de transport
	Frais exceptionnels de transport ou du transitaire
	Vol de matériels constaté

Phase d'installation du produit

Risques généraux	Risques spécifiques
Installation sur site	Disponibilité de l'équipe et/ou des moyens de chantier insuffisante
	Personnel inadapté au contexte culturel
	Personnel n'ayant pas les qualifications officielles requises
	Obstruction réglementaire
	Contexte social, politique et météo non favorable
	Sous-traitants défaillants
	Chantier mal préparé
	Matériels en mauvais état
Installation sur site	Client non suffisamment présent
	Moyens de communication inadaptés
	Procédés dangereux et/ou inadaptés au site
Risques sur la formation du client	Équipe formation incompétente
	Supports de formation inadaptés et/ou indisponibles
	Niveau des stagiaires non homogène, insuffisant et inadapté aux objectifs de la formation
	Endommagement du matériel
	Fuite de savoir-faire
	Difficulté de maintenance
	Client ayant des exigences non prévues et/ou exagérées
	Chantier mal géré
	Moyens du client indisponibles au bon moment

.../...

Risques sur la recette sur site	Recette sur site non représentative
	Client faisant de l'obstruction
	Personnel du client incompétent et indisponible
	Appareils de mesure non correctement étalonnés
	Recette non tracée
	Documentation contractuelle incomplète
	Performance non conforme liée à un dysfonctionnement en cours de recette
	Notifications ou convocations du client et des organismes de surveillance non/mal faites
	Rapports des organismes de vérification incomplets et/ou inexacts
	Équipe d'assurance qualité indisponible

Phase d'assistance et de service après-vente

Risques généraux	Risques spécifiques
Risques d'interventions et assistance	Communication inadaptée (moyens et hommes)
	Procédures imprécises
	Diagnostics ne pouvant être opérés à distance
	Experts non rapidement disponibles
	Matériels et pièces de rechange indisponibles
	Moyens et personnels clients indisponibles
	Pertes de compétences et d'informations constatées
	Limites de responsabilité (garantie) mal définies
	Clients exerçant des pressions abusives
	Limites d'intervention du SAV imprécises
	Profil de l'équipe SAV inadapté au contexte
	Matériel s'avérant non fiable
	Conditions d'usage non conformes aux spécifications
	.../...

Risques sur production de pièces de rechange	Financement des pièces de rechange insuffisant
	Stockage des pièces de rechange inadapté
	Gestion des évolutions incomplète
	Obsolescence du matériel
	Disparition de fournisseurs
	Insuffisance ou défaut de maintenance et de maintien en condition des moyens de production

Exemple de portefeuille de risques

Un cabinet de conseil que nous connaissons bien utilise la grille de qualification des risques suivante (criticité/probabilité) dans le cadre de ses missions de maîtrise d'ouvrage déléguée.

• Criticité :

Criticité faible (1) : ne compromet pas l'atteinte des objectifs du projet en termes de coût, délai, qualité ou fonctionnalités.

Criticité moyenne (3) : peut affecter le périmètre du projet, éventuellement nécessiter un avenant.

Criticité forte (6) : peut avoir comme conséquence une perte financière, une insatisfaction du client ou l'arrêt du projet.

• Probabilité :

Probabilité faible (1) : il est peu probable que le risque devienne réalité.

Probabilité moyenne (3) : des signes indiquent que le risque peut devenir réalité.

Probabilité forte (6) : le risque est certain ou en passe de devenir réalité.

Probabilité forte 6	Risque à suivre 6	Risque à traiter 18	Risque à traiter 36
Probabilité moyenne 3	Risque à surveiller 3	Risque à suivre 9	Risque à traiter 18
Probabilité faible 1	Risque négligeable 1	Risque à surveiller 3	Risque à suivre 6
	Criticité faible 1	Criticité moyenne 3	Criticité forte 6

Le suivi du portefeuille des risques du projet est une fonction permanente de l'équipe en charge du pilotage du projet.

PARTIE 2

APPLICATION DE LA DÉMARCHE AUX DIFFÉRENTES PHASES D'UN PROJET

« Par nature, les hommes sont tous semblables,
en pratique, ils sont très différents. »

Confucius

Un projet se compose de phases, elles-mêmes découpées en lots de travaux. Chaque lot de travail se caractérise par la production d'un « livrable ». Il en est de même pour chaque phase pour laquelle le livrable final validé par le sponsor permet d'acter la réussite de celle-ci et de décider le passage dans la phase suivante. Chaque phase et chaque étape du projet présentent des risques spécifiques relatifs aux spécificités des « livrables » à produire. Elles nécessitent donc un DMR adapté.

Phase 0 – Étude

Phase 1 – Initialisation

Phase 2 – Conception

Phase 3 – Réalisation

Phase 4 – Mise en œuvre

Phase 5 – Exploitation

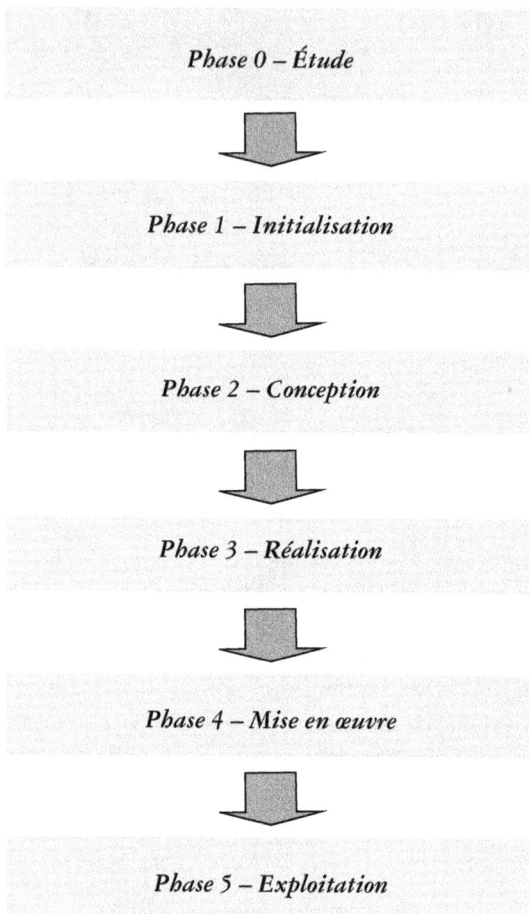

Les phases de conduite d'un projet

Exemple de démarche de conduite de projet informatique DSI bancaire

Phase 0

Étude

« Quand on aime la vie, on aime le passé, parce que c'est le présent tel qu'il a survécu dans la mémoire humaine. »

Marguerite Yourcenar (Les yeux ouverts)

Le Concorde, France et Grande-Bretagne

« Le Concorde ne s'arrêtera pas vraiment, car il ne sortira jamais de l'imaginaire des hommes », a dit Jean-Cyril Spinetta, président d'Air France. Qui n'a rêvé un jour de voler en Concorde ? Et ceux qui ont eu la chance de le faire, même ceux qui l'ont fait régulièrement dans le cadre de leur travail, que ce soit dans le cockpit, en cabine, ou en qualité de passager « privilégié », en gardent un souvenir ému… En deux mots, il y a ceux qui ont volé en Concorde… et les autres ! Jamais en effet un avion de ligne, même la belle Caravelle ou le Boeing 707 n'avait autant fait rêver… Il est vrai que Concorde est un avion unique dans l'histoire de l'aviation civile, pour lequel de nombreuses innovations technologiques furent utilisées pour la première fois avec vingt ans d'avance. Citons par exemple :

– une aile en double delta (ou en ogive) ou encore aile delta gothique ;

– des turboréacteurs Bristol/Snecma, puis Rolls-Royce/SNECMA Olympus 593 à postcombustion ;

– des entrées d'air moteur à section variable à régulation électronique ;

– une sortie des gaz à section variable ;

– un nez et une visière mobiles inclinables pour une meilleure visibilité à basse vitesse et une meilleure pénétration dans l'air à haute vitesse (phases d'atterrissage et de manœuvres au sol : inclinaison de 12°5 ; phases de décollage et de manœuvres au sol : inclinaison de 5° ; vol supersonique, visière relevée) ;

– une cellule et des ailes en aluminium ;

– des commandes de vol multifonctions ;

– pas d'aérofreins ;

– pas de volets déporteurs ;

– pas de volets de bord d'attaque et de bord de fuite ;

– un dégivrage voilure et entrées d'air moteur entièrement électrique en continu ou par cycle, limitant les tuyauteries d'air ;

– des circuits de commandes de vol entièrement électriques et analogiques ;

– un auto-pilote permettant une gestion automatique de la puissance autorisant un contrôle « mains libres » de l'avion de la montée initiale à l'atterrissage ;

– des IDG (Integrated Driving Generator) pour générer l'électricité de bord ;

– trois circuits hydrauliques à haute pression pour les composants légers à circuits hydrauliques, un liquide hydraulique à huile synthétique résistant à la température, un système de freinage antidérapant de contrôle du glissement ;

– des disques de freins en carbone ventilés ;

– l'optimisation des performances par la gestion du centrage du carburant pendant toutes les phases de vol ;

– des pièces usinées à partir d'une ébauche unique permettant de réduire la masse et la nomenclature des composants ;

– des gouvernes de direction et des ailerons en matériaux composites…

Le projet Concorde fut lancé en 1962 à l'initiative des gouvernements britannique et français sans étude d'opportunité… Les vols d'essai commencèrent en 1974 : 5335 heures de vol furent ainsi réalisées sans trop de problèmes, les appareils de préproduction et les deux premiers avions de production servant à terminer la mise au point, notamment des entrées d'air. Au total, 2000 heures de test furent réalisées à vitesse supersonique. Ces 5335 heures de test sont équivalentes à environ quatre fois les heures de test d'un avion commercial subsonique moyen ou long courrier. Le certificat de navigabilité fut délivré au Concorde en 1975. Les vols commerciaux commencèrent en 1976. Malheureusement, le projet Concorde, parti en fanfare, s'est rapidement transformé en gouffre financier (coût du carburant et de l'entretien) malgré ses qualités indéniables, excepté peut-être le bruit au décollage pour les riverains venus construire leur pavillon au bout des pistes de Roissy... Seules les compagnies Air France et British Airways en firent l'acquisition... Le 31 mai 2003, Air France en arrêta l'exploitation, puis British Airways le 24 octobre de la même année.

• Risques majeurs du projet Concorde :

Risque interculturel : projet franco-britannique...

Risque de marché : absence de prévision de vente raisonnablement évaluée !

Risque technologique : réussir à développer les moteurs nécessaires à l'avion ; concevoir avec du papier millimétré et des règles à calcul des pièces mécaniques innovantes.

Risque de mobilisation : mobiliser des équipes d'entreprises concurrentes pour en faire des équipes partenaires.

Risque de fabrication : fabriquer en série des pièces nécessitant une précision très fine avant les machines à commande numériques, avant les robots, avant la découpe au laser, etc.

Risque de système : faire cohabiter des technologies nouvelles ensembles.

Risque de rentabilité : produire des composants en petite série à un coût acceptable.

Risque conjoncturel : subir la hausse du prix des carburants entraînant une récession économique et des difficultés financières pour les compagnies aériennes.

Risque environnemental : faire face au mécontentement des riverains en raison du bruit des réacteurs ; faire évoluer des moteurs vers des systèmes moins bruyants, moins polluants et moins gourmands en énergie.

• Dispositif de Maîtrise des Risques du projet Concorde :

– forte implication des sponsors ;

– recours à des compétences complémentaires de très haut niveau ;

– dispositif de mobilisation des ressources humaines.

– mobilisation autour d'un objectif grandiose : Concorde était en quelque sorte une « cathédrale » et non un simple avion ;

– mobilisation de plusieurs laboratoires de recherche ;

– large place faite à l'innovation ;

– rentabilisation des coûts de recherche/développement dans le cadre d'autres programmes ;

– importante phase de test technique ;

– entretien préventif des appareils ;

– qualité des personnels navigants techniques.

• Éléments de Dispositif de Maîtrise des Risques manquant au projet Concorde :

– étude d'opportunité ;

– étude de faisabilité ;

– plan de communication orienté vers toutes les parties prenantes ;

– utilisation de technologies trop innovantes pour devenir rapidement des standards dans le secteur de la construction aéronautique ;

– évolutions techniques significatives permettant de réduire les éléments reprochés : bruit, pollution, etc.

La phase d'étude précède le lancement du projet.

À SAVOIR

Un projet mené de façon rigoureuse commence donc par une phase d'étude, déclenchée par l'expression d'un besoin pas toujours suffisamment formalisé. Il en résulte un dossier d'étude.

Le succès de la phase d'étude passe par la réalisation de cinq étapes successives :

• lancement de l'étude ;

• expression du besoin ;

• étude d'opportunité (analyse du retour sur investissement) ;

• étude de faisabilité ;

• synthèse du dossier et choix.

La phase d'étude émerge d'une idée et se termine par la rédaction d'un dossier d'étude. Ce dernier comprend deux types d'études, quelles que soient les catégories de projets : l'étude d'opportunité et l'étude de faisabilité.

À SAVOIR

L'étude d'opportunité permet au commanditaire ou au sponsor et à la direction générale d'apprécier la pertinence économique du projet.

La pertinence économique du projet s'analyse au regard du retour sur investissement ou de l'impact sur le business de l'entreprise ou encore des impacts sociaux ou réglementaires.

À SAVOIR

L'étude de faisabilité technique permet au commanditaire ou au sponsor et à la direction générale de lancer ou non le projet en toute connaissance de ses différents impacts techniques.

La faisabilité technique du projet s'analyse au regard des technologies existantes.

ÉTAPE 1 : LANCEMENT DE L'ÉTUDE

Cette étape consiste à lancer l'étude dans les meilleures conditions. Une étude doit être supportée par un sponsor ou un commanditaire dûment habilité par la direction générale, ceci pour bien maîtriser l'allocation des ressources de l'entreprise affectée aux études.

Voici les risques spécifiques à l'étape de lancement de l'étude et le DMR correspondant :

Risques	DMR
Durée et budget consacrés à l'étude sans rapport avec l'importance et les enjeux du projet potentiel.	Démarche de conduite de projet structurée avec points de passage obligés (go/no go) dont passage de l'étude au projet. Dispositif de contrôle de niveau 2.
Durée trop longue par une analyse du besoin à un niveau de détail trop fin.	Chiffrage préalable du coût de l'étude.
Absence de note de lancement cosignée avec le commanditaire ou le sponsor à l'adresse des participants.	Démarche de conduite de projet structurée. Existence d'un dispositif de contrôle de niveau 2.

Étape 2 : expression du besoin

Cette étape consiste à traduire et à formaliser l'idée de départ en plan d'actions concret. Cette formalisation est nécessaire, car elle permet de clarifier les objectifs du projet.

Elle permet de :

– Concrétiser l'idée de départ, de la rendre compréhensible et accessible à tous.

– Dégager l'intérêt de lancer l'étude en faisant apparaître ses avantages et ses inconvénients pour les bénéficiaires.

– Définir les conséquences prévisibles des objectifs pour l'environnement interne ou externe à l'entreprise.

Cette formalisation doit résulter du travail du sponsor ou du maître d'ouvrage : elle précède l'étude d'opportunité.

Voici les risques spécifiques à l'étape de lancement de l'étude et le DMR correspondant :

Risques	DMR
Problématique non compréhensible de par une demande non replacée dans son environnement.	Plan type d'expression de besoin incluant la description du contexte.
Absence d'identification des enjeux du projet pour l'entreprise.	Plan type d'expression de besoin incluant la description des enjeux pour l'entreprise.
Absence de déclinaison des objectifs selon quatre critères : finalité ; justification économique ; délai ; contraintes à prendre en compte.	Plan type d'expression de besoin précisant les critères de finalité, justification économique, délai et contrainte.
Description dans l'expression du besoin d'une solution en lieu et place d'un besoin.	Plan type d'expression de besoin incluant une case ayant pour finalité d'indiquer, au cas où, l'idée de solution proposée. Illustration des différences entre besoins et solutions. Revue pas un tiers de l'expression de besoin sous cet angle.
Niveau de détail de l'expression de besoin non adapté à la problématique.	Plan type d'expression de besoin à tiroir permettant un niveau de précision plus ou moins fin en fonction des besoins ainsi qu'une partie obligatoire. Revue par un tiers de l'expression de besoin sous cet angle.
Excès/Manque de ressources affectée à l'expression du besoin.	Démarche de conduite de projet incluant une méthode de détermination des ressources nécessaires (types et nombre).

Étape 3 : étude d'opportunité

Cette étape consiste à démontrer l'intérêt économique du projet pour l'entreprise. Le besoin doit être formalisé à ce titre au regard de l'entreprise dans son environnement concurrentiel et réglementaire. La démarche s'articule autour de sept questions génériques selon le type de projet :

1. le projet est-il stratégique pour l'entreprise ?
2. que font le marché et la concurrence ?
3. quelles sont les différentes contraintes pour l'entreprise ?
4. quels gains en attendre (financier, image, service client, social, etc.) ?
5. pour quels coûts ?
6. pour quel retour sur investissement ?
7. quels sont les risques à faire ou ne pas faire ?

À ce titre, une analyse du marché est parfois nécessaire pour analyser les conditions de mise sur le marché ; identifier les avantages concurrentiels de chaque acteur ; enfin, évaluer la capacité du marché à absorber cette nouvelle offre.

Voici les risques spécifiques à l'étape de lancement de l'étude et le DMR correspondant :

Risques	DMR
Absence d'appréciation de l'opportunité de lancer un projet sous les quatre focales : financier, économique, social, réglementaire.	Plan type d'étude d'opportunité présentant les quatre focales : financier, économique, social et réglementaire.
Absence de gestion de l'étude comme un projet avec une organisation, des ressources bien identifiées et un planning réaliste.	Démarche de conduite de projet incluant une méthode de détermination des ressources nécessaires (types et nombre).
Absence de compréhension commune de ce que recouvre le projet par les parties intéressées au départ.	Dispositif de communication permettant l'information des acteurs dès l'amont du projet.

ÉTAPE 4 : ÉTUDE DE FAISABILITÉ

Cette étape consiste à étudier la faisabilité technique du projet. L'étude de faisabilité d'un projet s'apprécie sous plusieurs angles :

- Technique : quelles solutions techniques sont-elles possibles ?
- Organisationnel : l'entreprise dispose-t-elle des ressources humaines pour engager un tel projet ? La mobilisation des ressources en interne est-elle compatible avec les missions opérationnelles de l'entreprise ?
- Temporel : quelles sont les adhérences avec les projets en cours de déroulement ou à venir ?
- Processus : en quoi le futur projet a-t-il un impact sur les processus de l'entreprise (processus de pilotage, opérationnels et supports) ?

L'étude de faisabilité permet à ce stade d'identifier et de définir les scénarios de solutions envisageables et d'évaluer les avantages et inconvénients de chacun. La démarche de conduite d'une étude de faisabilité s'articule autour de quatre lots de travaux :

1. analyse des impacts techniques, organisationnels, réglementaires, budgétaire ;
2. identification des scénarios possibles ;
3. choix d'un scénario ;
4. recensement des éléments de coûts pour les premières estimations.

Voici les risques spécifiques à l'étape de lancement de l'étude et le DMR correspondant :

Risques	DMR
Absence de bilan prévisionnel coûts/ avantages accompagnant la description des scénarios.	Démarche de conduite de projet incluant un bilan prévisionnel par scénario.
Absence d'appréciation du niveau d'expérience de l'entreprise dans ce type de projet.	Dispositif de capitalisation des expériences interne à l'entreprise.
Absence d'identification des adhérences avec les autres études ou projets (liens de simultanéité, travaux pouvant être mutualisés, ressources critiques indispensables, etc.).	Fonction de pilotage du portefeuille des projets centralisée rattachée à la direction générale de l'entreprise.

ÉTAPE 5 : SYNTHÈSE DU DOSSIER D'ÉTUDE

Cette étape consiste à faire la synthèse de toutes les analyses réalisées auparavant. La synthèse du dossier d'étude permet ainsi de donner à la direction générale une vision globale des résultats en reprenant les éléments pertinents de l'expression du besoin, de l'étude d'opportunité et de l'étude de faisabilité.

La synthèse du dossier d'étude reprend :

- le rappel du contexte comprenant la description du besoin, éventuellement l'analyse du marché et de la concurrence et la synthèse des contraintes du projet ;
- le périmètre du projet ;
- le budget nécessaire pour sa réalisation ;
- la date de livraison du produit du projet souhaitée ;
- l'analyse de la rentabilité à travers un « *business case* » ;
- les risques et les enjeux pour l'entreprise ;
- la synthèse des impacts du projet ;
- le scénario retenu pour la satisfaction du besoin ;
- les ressources et les compétences internes et externes à l'entreprise à mobiliser ;
- les facteurs clés de succès ;
- un premier planning.

Voici les risques spécifiques à l'étape de lancement de l'étude et le DMR correspondant :

Risques	DMR
Absence de bilan prévisionnel coûts/ avantages accompagnant la description des scénarios.	Démarche de conduite de projet incluant l'obligation de réaliser le bilan prévisionnel.
Absence de synthèse permettant l'aide à la décision/compréhension des enjeux du projet pour l'entreprise.	Démarche de conduite de projet incluant l'obligation de rédaction d'une synthèse.
Absence de décision claire de lancer, reporter ou ne pas lancer le projet.	Fonction de pilotage du portefeuille des projets centralisée rattachée à la direction générale de l'entreprise.

En plus de l'utilisation d'outils spécifiques à la phase, le succès de la phase d'étude passe par l'utilisation d'outils et de livrables de gestion de projet et de pilotage des risques.

Outil – Livrable : expression du besoin

Elle permet de formaliser explicitement des besoins exprimés par un client ou des utilisateurs afin de les valider et de les transformer en projet si cela est jugé opportun. Exprimer un besoin, c'est considérer qu'il est nécessaire de modifier une situation existante et d'être capable de définir l'état à atteindre à partir de cette situation initiale.

La fiche d'expression de besoins doit comporter certaines rubriques à renseigner :

* Acteurs : nom du rédacteur de la fiche et de sa structure ; personnes consultées et leur structure.

* Contexte : éléments de contexte pertinents et présentation de ce qui a déclenché la rédaction de la fiche (changement de réglementation, innovation technologique, résultats d'une étude de l'audit, du marketing, etc.).

* Objet de la fiche : idée qui donne lieu à la rédaction de la fiche (faire évoluer un applicatif, modifier ou introduire une nouvelle procédure, modifier ou créer une structure, lancer un nouveau produit, etc.).

* Objectifs poursuivis : objectif principal et objectifs complémentaires (accroissement de productivité d'un service, réduction du taux d'anomalies/de dysfonctionnements, accroissement de la qualité de service client, réduction des coûts, etc.).

* Existant : identifier les processus, les acteurs, les structures, les produits, les applications informatiques, les marchés de clientèle… concernés.

* Gains attendus : indiquer le moyen de mesurer les gains (indicateurs existants ou à créer) : évaluer les gains espérés, dans le temps.

* Contraintes : évaluer le coût et les délais de mise en œuvre, ainsi que le coût prévisionnel de fonctionnement.

* Risques : identifier les risques liés à la réalisation ou non du projet.

Outil – Livrable : étude d'opportunité

L'étude d'opportunité permet, à partir d'une expression de besoin, d'aboutir à une première formulation de l'idée d'un projet. Son objectif est de faciliter la prise de décision d'engager ou non une étude d'approfondissement du besoin, qui pourra déboucher sur une note de cadrage marquant le lancement du projet.

Le dossier d'étude d'opportunité est composé des rubriques suivantes :

• Objet (à partir de la fiche d'expression de besoins) : reformuler brièvement le besoin (faire évoluer une application informatique, modifier ou introduire une nouvelle procédure, modifier ou créer une structure).

• Objectifs et enjeux (à partir de la fiche d'expression de besoins) : rappeler l'objectif principal et les objectifs complémentaires.

• Description de l'objet du changement : décrire les caractéristiques et le fonctionnement du processus, de la structure, de l'application informatique du produit modifié ou à créer.

• Acteurs : identifier les acteurs concernés par le processus et la structure modifiée ou à créer.

• Impacts organisationnels et humains : identifier les principaux impacts du changement sur les structures et les hommes.

• Exigences de qualité : préciser les exigences de qualité que devra remplir le nouveau processus, produit, etc. (niveau et délai de prestations, niveau de sécurité, taux de disponibilité, etc., mais aussi les contraintes de fonctionnement, les conditions de maintenance/ d'évolution, la durée de vie prévisible).

• Volumes prévus : préciser le nombre de produits vendus, d'opérations traitées, de fois où l'applicatif ou la procédure seront utilisés pour une période donnée.

• Coûts : en fonction des gains prévus, calculer le retour sur investissement et évaluer le coût maximal de fonctionnement acceptable.

• Délais de mise en œuvre : préciser la date limite de mise en œuvre, les contraintes pesant sur ces délais et donner une première idée des étapes du projet dans le temps.

Initialisation

« Qui ne risque rien n'a rien. »

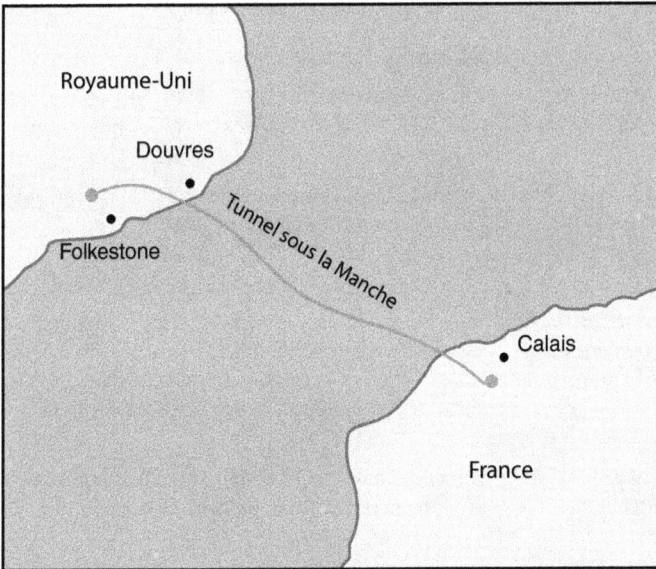

Le tunnel sous la Manche

La construction du tunnel sous la Manche, France et Grande-Bretagne

À chaque fois que nous empruntons l'Eurostar entre Paris et Londres, nous vivons une aventure à la Jules Verne : nous nous enfonçons dans la terre et passons sous la mer pour nous retrouver en Grande-Bretagne, comme si de rien n'était ! Et nous ne sommes pas seuls : trois cents à quatre cents trains et navettes empruntent en effet le tunnel quotidiennement... Malgré des difficultés de financement et de rentabilité, la construction du tunnel sous la Manche restera comme un projet d'une dizaine d'années constituant une véritable prouesse technique réussie par 3 000 ouvriers répartis des deux côtés de la Manche, puis progressant les uns vers les autres avec rapidité et le support d'un train toutes les cinq minutes pour acheminer hommes et matériels et surtout transporter les matériaux extraits par d'imposantes foreuses...

Rappelons au passage quelques dates clés :

– 20 janvier 1986 : le président français François Mitterrand et le Premier ministre britannique Margaret Thatcher, réunis à Lille, annoncent le choix du projet de tunnel proposé par France Manche et Channel Tunnel Group, parmi quatre projets concurrents (dont un pont et un ouvrage mixte pont-tunnel).

– 14 mars 1986 : signature de l'acte de concession à Canturbery.

– Avril 1986 : création de Transmanche Link (TML), un consortium de dix entreprises de BTP, cinq Françaises et cinq Britanniques, chargé de construire l'ouvrage.

– 13 août 1986 : naissance de la société Eurotunnel, co-entreprise fondée à parts égales par France Manche et The Channel Tunnel Group.

– Novembre 1986 : après une campagne de sondages de reconnaissance géologique à terre au cours de l'été, une campagne de sondages en mer est lancée. Parallèlement les travaux de creusement d'un puits d'accès commencent côté français à Sangatte. Un ouvrage de 75 mètres de diamètre pour une profondeur de 75 mètres est réalisé.

– 29 juillet 1987 : François Mitterrand et Margaret Thatcher signent officiellement le traité franco-britannique autorisant la réalisation du tunnel.

– Décembre 1987 : premier forage côté anglais dans la falaise de Shakespeare Cliff.

– 1er décembre 1990 : première jonction des chantiers français et britannique au milieu de la Manche (galerie T1). La poignée de main de deux ouvriers du chantier, britannique et français, est officialisée à 12 heures 12 minutes et 12 secondes.

– 10 décembre 1993 : livraison du chantier à Eurotunnel, qui commence les essais techniques.

– 6 mai 1994 : inauguration officielle du tunnel.

• Risques majeurs de la construction du tunnel sous la Manche :

Risque de financement : obtenir les budgets nécessaires ; faire face aux dépassements de budget alors que la date de mise en service était reportée régulièrement et la rentabilité prévisionnelle de plus en plus dégradée.

Risque technologique : arriver à creuser un tunnel en partant des deux extrémités... et à se rencontrer à l'endroit prévu...

Risque de sécurité : réaliser un ouvrage d'art parfait en termes de sécurité.

Risque politique : faire se mettre d'accord deux gouvernements.

Risque socioculturel : faire travailler ensemble des Français et des Anglais...

• Dispositif de Maîtrise des Risques de la construction du tunnel sous la Manche :

– utilisation de technologies éprouvées ;

– priorité donnée à la sécurité avant la rentabilité économique et le respect de la date de mise en service.

• Éléments de Dispositif de Maîtrise des Risques manquant dans la construction du tunnel sous la Manche :

– étude d'opportunité.

Le tunnel sous la Manche est également un projet exemplaire, à plus d'un titre : tout d'abord, il permet d'assouvir le vieux rêve de rallier l'Angleterre à pied. Beaucoup de péripéties, de retournements de situation et de difficultés de tout ordre ont rendu ce projet laborieux et sa rentabilité incertaine. Le tunnel sous la Manche constitue une prouesse humaine remarquable, et le 6 mai 1994, jour de son inauguration officielle, restera une grande date dans le monde de la gestion de projet.

Après la phase d'étude, à condition que l'étude ait reçu un « go », on peut considérer le projet comme accepté. Il pourra donc être lancé immédiatement ou en fonction d'un planning adapté aux contraintes de l'entreprise, telles que les adhérences avec les autres projets par exemple.

Le succès de la phase d'initialisation passe par la réalisation de deux étapes successives :

- lancement du projet ;
- organisation du projet.

Dans l'initialisation d'un projet, un grand nombre de questions se posent.

Quel est le contexte du projet ?

- changement de la réglementation ?
- évolution de la concurrence ?
- concentration, fusion ?
- migration informatique ?
- plan social ?

Quels éléments culturels prendre en compte ?

- distance hiérarchique forte ou faible ?
- besoin de conurôle de l'incertitude fort ou faible ?
- individualisme ou collectivisme ?
- masculinité ou féminité ?
- croyances ?
- coutumes ?
- héros ?

Quels sont les enjeux et les objectifs du projet ?

- quel est le problème ?
- comment peut-on le mesurer ?
- le problème a-t-il des effets secondaires ailleurs ?
- que se passerait-il si rien n'était fait ?
- quel est le changement projeté ?

- la solution projetée est-elle déjà utilisée ailleurs ?
- avec quels résultats ?
- quels sont les critères et conditions permettant un bon niveau de performance de la solution ?
- comment pourrait-on décrire la situation s'il n'y avait pas de problème ?
- comment pourrait-on mesurer la qualité de la solution ?

Quelles sont les ressources à associer au projet ?

- de quelles compétences techniques, métier, etc., a-t-on besoin dans le projet ?
- à quel moment ?
- combien de temps ?
- quelle ressource sera particulièrement disponible ou indisponible à tel ou tel moment ?
- quelles ressources financières nécessite le projet ?
- de quels outils, locaux, matériels, etc., a-t-on besoin dans le projet ?

Quels sont les délais à prévoir ?

- quand le projet peut-il commencer ?
- quand le projet doit-il être terminé (échéance réglementaire, date symbolique, etc.) ?
- quelle période est-elle la plus propice au déroulement du projet ?
- quelle période est-elle particulièrement à éviter (clôture des comptes, congés annuels, etc.) ?

Quelle est la démarche à adopter ?

- la nature du projet nécessite-t-elle des points de passage obligés (par exemple : certification ISO) ?
- existe-t-il des démarches types dont il est possible de s'inspirer (analyse de la valeur ; démarche de conception d'une application informatique, etc.) ?

- quels travaux doivent être réalisés ?
- dans quel ordre ?
- quelles sont les grandes étapes du projet ?
- comment ces étapes se décomposent-elles en lots de travaux ?
- comment ces étapes doivent-elles se matérialiser (livrables, résultats observables, etc.) ?
- comment ces étapes doivent-elles être validées ? Par quelles instances ?

Quels livrables faut-il produire ?

- à quel moment ?
- dans quel ordre ?
- quel formalisme (charte graphique, numéro d'immatriculation, etc.) les différents livrables doivent-ils respecter ?
- existe-t-il des plans types, des modèles de référence ?

Quelle organisation de projet faut-il mettre en œuvre ?

- qui est le réel sponsor du projet ?
- quelles sont les personnes à associer au projet ?
- quel est le périmètre du projet ?
- quelles sont les différentes catégories de bénéficiaires du projet ?
- quelles instances doivent-elles être créées (comité de pilotage, comité de projet, etc.) ?
- quels chantiers techniques, filières transversales, etc., doivent-ils être créés ?
- avec quels rôles et quelles responsabilités ?

Quel dispositif de suivi et de validation des travaux faut-il prévoir ?

- qui doit valider quel livrable du projet ?
- à quel moment ?

© Groupe Eyrolles

- qui est habilité à modifier le contrat de départ (objectifs à atteindre ; budgets ; calendrier), voire à suspendre ou arrêter le projet ?
- quel processus d'arbitrage est-il utile de créer ?

De quelle infrastructure matérielle a-t-on besoin pour le projet ?

- combien de personnes sont affectées à plein-temps au projet ?
- à quel moment et pendant combien de temps ?
- quel type d'informations doit-il être échangé entre les acteurs du projet ?
- quelles informations doivent-elles être classées ?
- sous quelle forme (électronique, papier, etc.) ?
- quelles précautions et mesures de sécurité sont à prendre en compte pour quelles informations concernant le projet ?

Quel dispositif de pilotage faut-il mettre en place ?

- quel type d'informations doit-il être suivi dans le tableau de bord du projet ?
- à quelle fréquence ?
- qui doit recevoir quelle information de pilotage ?
- à quelle fréquence ?
- pour prendre quelle nature de décision ?
- qui est le mieux placé pour collecter les informations ?
- qui doit les mettre en forme ?
- qui doit les valider avant diffusion ?
- quels sont les attendus réciproques entre les acteurs ?

Quel dispositif de gestion des risques faut-il mettre en œuvre ?

- à quels risques le projet est-il confronté : technologie nouvelle ? Changement culturel majeur entraînant des résis-

tances au changement ? Nombre de personnes concernées ?
Échéance non négociable ?

- comment ont été traités les mêmes risques dans d'autres projets analogues ?
- qui peut remplir le rôle de gestionnaire des risques dans le cadre du projet ?
- avec quel rattachement ?

Quel dispositif de communication faut-il mettre en œuvre ?

- quelles sont les personnes concernées par une information sur le projet ?
- quel type d'informations doit être communiqué ?
- à quels destinataires ?
- quelles obligations réglementaires doivent-elles être respectées (par exemple : information au comité d'entreprise pour avis ; information à la CNIL ; information à l'Inspection du travail…) ?
- à quel moment ou à quelle fréquence ?
- avec quel objectif (par exemple : rendre compte, mobiliser, etc.) ?
- quels sont les canaux de communication habituellement utilisés pour communiquer sur les projets de cette même nature ?
- quelles sont les personnes les mieux placées pour communiquer sur le projet ?

ÉTAPE 1 : LANCEMENT DU PROJET

Cette étape consiste à lancer officiellement le projet, à partir d'une note de lancement. Elle officialise cette étape auprès de l'ensemble des responsables et des personnes concernées par le projet dans l'entreprise et, si cela est justifié, au dehors de l'entreprise (administrations, public, etc.). La note de lancement est rédigée et diffusée lors du démarrage du projet.

Le document de lancement qui sera présenté doit reprendre les éléments suivants :

- contexte du projet ;
- rappel des enjeux et de la problématique ;
- objectifs fixés au projet ;
- organisation du projet ;
- grandes étapes du projet ;
- budget ;
- facteurs clés de succès ;
- livrables pour chacun des acteurs impliqués dans le projet ;
- règles et méthodes utilisées dans le cadre du projet.

Voici les risques spécifiques à l'étape de lancement du projet et le DMR correspondant :

Risques	DMR
Absence de validation de la note de lancement par le commanditaire ou le sponsor du projet.	Dispositif de pilotage du projet incluant des étapes clés ou passages obligés.
Absence de réunion de lancement avec l'équipe projet.	Démarche de conduite de projet incluant un processus de communication.
Absence de définition de la stratégie de communication au sein de l'entreprise.	Implication de la fonction communication interne.
Absence d'identification des différents freins potentiels dans l'entreprise.	Démarche de conduite de projet incluant un inventaire des forces en présence et la détermination d'actions d'accompagnement.
Carence de communication générale.	Démarche de conduite de projet incluant la définition/Mise en œuvre d'un dispositif de communication auprès des personnes concernées, qu'elles soient internes ou externes au projet.

Par ailleurs, un certain nombre de risques sont liés à une absence de qualification du projet en amont de cette étape.

Les risques spécifiques à la qualification du projet et le DMR correspondant sont décrits pages suivante.

Risques	DMR
Projet non stratégique pour l'entreprise.	Critères de choix des projets.
Objectif du projet insuffisamment défini.	Étude d'opportunité et étude de faisabilité.
Enjeux principaux du projet imprécis.	Étude d'opportunité et étude de faisabilité.
Taille de l'équipe projet inadaptée.	Démarche de conduite de projet incluant des abaques de dimensionnement des équipes.
Nombre élevé de contributeurs et de directions métier concernés par le projet.	Dispositif de gestion des sollicités.
Absence de réalisation de projets similaires dans l'entreprise.	Benchmark externe.
Imprécision dans la date de début, la date de fin et la date de lancement du « produit » du projet.	Dispositif de pilotage incluant une gestion et un suivi des dates.
Nombre de chantiers du projet élevé (> 5).	Fonction de pilotage du portefeuille des projets centralisée rattachée à la direction générale de l'entreprise incluant une analyse des adhérences entre chantiers, des ressources critiques et des attendus réciproques.
Existence de liens forts de dépendance ou de simultanéité entre les chantiers.	Fonction de pilotage du portefeuille des projets centralisée rattachée à la direction générale de l'entreprise incluant une planification des chantiers par une fonction centralisée.
Projet nécessitant la maîtrise de risques financiers (maîtrise du budget, du ROI, etc.).	Fonction contrôle de gestion mise à disposition du projet.
Respect du planning du projet critique.	Rétro planning et dispositif de gestion de projet et de prise de décision par les délais.
Réussite du projet dépendant de la maîtrise de technologies et/ou d'outils avancés.	Fonction de pilotage du portefeuille des projets centralisée rattachée à la direction générale de l'entreprise incluant une gestion de la disponibilité des ressources critiques.
Technologies nouvelles pour le marché.	Fonction de pilotage du portefeuille des projets centralisée rattachée à la direction générale de l'entreprise incluant une gestion de la disponibilité des ressources critiques.
Technologies nouvelles pour l'entreprise.	Fonction de pilotage du portefeuille des projets centralisée rattachée à la direction générale de l'entreprise incluant une gestion de la disponibilité des ressources critiques. .../...

Projet ayant de nombreuses adhérences avec les autres projets de l'entreprise.	Fonction de pilotage central du portefeuille de projet de l'entreprise.
Nombre important d'acteurs et de directions concernés par le projet.	Dispositif de gestion centrale des ressources critiques.
Projet ayant un impact fort sur les métiers et les modes de travail.	Dispositif d'accompagnement du changement.
Projet nécessitant un soutien fort de la direction générale de l'entreprise.	Dispositif d'accompagnement du changement.

ÉTAPE 2 : ORGANISATION DU PROJET

Cette étape consiste à structurer le projet. En effet, la manière de structurer le projet est capitale pour sa bonne exécution, avec les budgets décidés et pour l'échéance souhaitée.

Les travaux à réaliser pour organiser le projet sont les suivants :

– Décomposer le projet par grands domaines ou fonctions.

– Identifier les chantiers en regroupant des blocs homogènes. En règle générale, un chantier donne une vision transverse du thème abordé. Par exemple : le chantier « Conduite du changement » dans le cadre d'une réorganisation.

– Recenser les filières touchées par le projet. En général, à chaque domaine métier concerné correspond une filière métier.

– Élaborer un planning pour chaque chantier et les consolider dans un planning général du projet.

– Nommer les responsables de chantier et de filière métier.

– Déterminer pour chaque chantier et chaque filière les livrables à produire.

– Estimer le plan de charge nécessaire au management du projet et à la conduite des différents travaux des filières métiers et des chantiers.

– Identifier les grands jalons du projet.

– Identifier le noyau dur de l'équipe projet et les acteurs qui seront sollicités à un moment clé du projet.

– Identifier les instances nécessaires au projet pour son bon fonctionnement.

– Identifier les processus supports de l'entreprise indispensable à la réussite du projet (achats, juridique, ressources humaines, etc.).

– Définir la stratégie de communication en fonction des enjeux du projet.

Voici les risques spécifiques à l'étape d'organisation du projet et le DMR correspondant :

Risques	DMR
Absence de compétence en organisation de projet.	Dispositif de formation et d'accompagnement des chefs de projet. Maîtrise d'ouvrage spécialisée.
Responsables de filière non issus des directions métier.	Dispositif de formation et d'accompagnement des chefs de projet. Maîtrise d'ouvrage spécialisée.
Absence de coordination intermédiaire dans le cadre d'un projet complexe.	Dispositif de pilotage à deux niveaux : stratégique et opérationnel.
Non-prise en compte dans la gestion des risques du niveau de disponibilité des acteurs affectés au projet.	Dispositif de gestion des ressources critiques avec inventaire des actions de prévention et de régulation en cas de survenance du risque.
Absence d'intégration de certains processus support.	Démarche de conduite de projet incluant les processus supports indispensables à la réussite du projet
Carence de communication avec les partenaires.	Dispositif de communication incluant toutes les parties prenantes, y compris les partenaires.
Absence de décision claire de lancer, reporter ou ne pas lancer le projet.	Démarche de conduite de projet incluant les go/no go de fin de phase.

En plus de l'utilisation d'outils spécifiques à la phase, le succès de la phase d'initialisation passe par l'utilisation d'outils et de livrables de gestion de projet et de pilotage des risques.

Outil – Livrable : note de cadrage

Dans le déroulement d'un projet, la note de cadrage intervient suite à la décision de lancer le projet, elle-même prise sur la base du dossier d'étude d'opportunité. La note de cadrage a pour finalité de définir le cadre du projet dans ses grandes lignes : quels acteurs, quelles étapes… De plus, elle sert de référence à l'ensemble des acteurs du projet, tout au long du projet.

La note de cadrage est constituée des rubriques suivantes :

• Origine du projet et directions « clientes » : préciser les événements ayant déclenché le projet, ainsi que les services/directions à l'origine du besoin et qui participeront aux étapes de validation du projet.

• Objectifs et vision du problème : indiquer les besoins exprimés et les résultats attendus en termes de productivité, de qualité de service, de réduction des coûts, de sécurité... (si possible quantifiés).

• Périmètre du projet : indiquer les fonctions/caractéristiques que devront remplir les nouveaux processus, produit, structure, applicatif... et les volumes concernés et préciser les interdépendances avec d'autres projets en cours ou à venir.

• Périmètre hors projet : préciser, si nécessaire, les fonctions, acteurs, structures, etc., non incluses dans le périmètre du projet afin d'éviter toute ambiguïté dans la communication du projet et prévenir d'éventuelles dérives.

• Contraintes à prendre en compte : identifier les contraintes internes et externes réelles qui pèseront sur le choix des solutions.

• Organisation du projet : définir la structure du projet : comité de pilotage, de décision... en identifiant les acteurs (internes et externes) et leur rôle, et identifier les interlocuteurs qui seront sollicités pendant le projet.

• Calendrier : indiquer la durée du projet et de chaque grande étape.

• Budget : préciser le budget alloué au projet, en le détaillant par métier (organisateurs, informaticiens, responsables des ressources humaines, etc.).

Outil – Livrable : Plan de Management de Projet (PMP)

Le PMP est un support important dans la communication avec l'ensemble de l'équipe projet. Il permet de donner une visibilité sur la conduite du projet, de fixer les responsabilités entre les différents acteurs du projet et de définir les instances de pilotage du projet. Le PMP s'applique à l'ensemble de l'équipe projet. C'est l'un des premiers documents à élaborer.

Il doit comprendre les éléments suivants :

– objectif et les enjeux du projet ;

– découpage du projet en filières et chantiers ;

– organisation du projet déclinant les rôles et les responsabilités de chaque acteur ;

– rôle et composition des instances de pilotage ;

– modalités de gestion du budget ;

–description des filières et des chantiers ;

– charte de gestion documentaire du projet ;

– macro-planning.

Pour chaque filière ou chantier, définir les points suivants :

– objectifs ;

– facteurs clés de succès ;

– livrables ;

– acteurs intervenants ;

– principaux processus de l'entreprise sollicités.

Exemple de sommaire de Plan de Management de Projet.

Outil – Livrable : organigramme de projet

L'organigramme du projet permet de :

• Identifier clairement chaque intervenant du projet afin qu'il puisse assumer en temps utile ses responsabilités.

• Définir précisément le rôle de chaque acteur du projet.

• S'assurer que toutes les fonctions nécessaires à la conduite du projet sont assumées.

• Avoir une vision globale du dispositif d'organisation et humain du projet partagé par l'ensemble des acteurs.

Il s'utilise de la façon suivante.

• Définir les acteurs et les groupes qui assumeront la fonction de décision sur le projet (être le garant de la stratégie, valider les objectifs fondamentaux, attribuer les moyens nécessaires, désigner le chef de projet, valider les orientations, valider la fin du projet) : le comité directeur ou le comité de pilotage ou un seul décideur de niveau hiérarchique supérieur à l'ensemble des acteurs du projet.

• Définir les acteurs et les groupes qui assumeront la fonction de coordination sur le projet (contrôler et suivre l'avancement des travaux, gérer les arbitrages, apporter des réponses aux questions et aux points en suspens remontant de l'équipe projet et veiller à l'atteinte des objectifs) : le comité de pilotage et le chef de projet.

• Définir les acteurs et les groupes qui assumeront la fonction de production sur le projet (réaliser les actions définies, rendre compte au chef de projet, animer et coordonner les groupes de travail) :

– l'équipe projet : personnes officiellement désignées pour réaliser les travaux ;

– les groupes de travail (structures ponctuelles pour répondre à des besoins ponctuels) ;

– les correspondants : relais ;

– les experts : consultés sur des points particuliers.

• Formaliser clairement la structure projet dans un organigramme

• Présenter l'organigramme à l'ensemble du projet et aux éventuels partenaires.

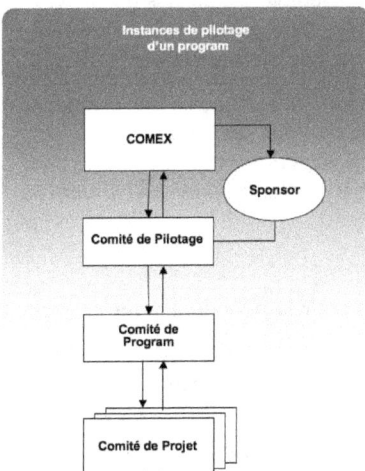

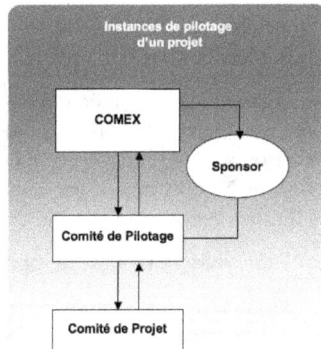

Exemple d'organigrammes types programme et projet – Banque commerciale

Outil – Livrable : tableau de bord de projet

Le tableau de bord du projet est à la fois un instrument de pilotage et un outil d'animation du projet. Il permet de :

● Synthétiser et suivre l'état d'avancement des travaux.

● Optimiser l'allocation des ressources en fonction des résultats de la semaine écoulée.

● Mettre en évidence les écarts entre prévisions et réalisations sur le projet et ainsi mettre en œuvre des actions correctrices.

● Entretenir la dynamique auprès du commanditaire du projet.

Il s'utilise de la façon suivante :

● Formaliser le tableau de bord :

– choisir la périodicité en fonction de la durée du projet ; la réactivité nécessaire sur le projet (chemin critique contraignant) ; la structure du projet (si le comité de pilotage se réunit tous les quinze jours, le tableau de bord devra être mis à jour au minimum tous les quinze jours).

– choisir les objectifs à suivre, sachant que le tableau de bord doit suivre au minimum la consommation des ressources, l'état d'avancement des tâches et le reste à faire. Pour cela, il est nécessaire de reprendre la fiche d'évaluation des charges qui constitue la référence tout au long du projet ;

– noter dans le tableau de bord l'ensemble des tâches du projet et pour chacune d'entre elle, la charge totale prévue et la consommation réalisée (par semaine, par quinzaine ou par mois) ;

– organiser la remontée d'information : faire le point, à la fréquence retenue pour le tableau de bord, sur le nombre de jours consommés sur le projet par les acteurs et le nombre de jours restant à consommer par rapport à la charge prévue (réunion ou comptes rendus individuels d'activité).

● Faire vivre le tableau de bord :

– réactualiser les charges prévues pour la période à venir en fonction des informations collectées ;

– calculer la part du budget consommée dans la période écoulée et le cumul depuis le début du projet ;

– analyser les écarts, le cas échéant, entre les charges prévues et consommées, en évaluer l'impact sur le projet et prendre des décisions en conséquence.

	Période de référence				TDB N° 3 - 28 Février au 4 Mars 2005		
	Livrables				Météo du projet		
Resp.	Lot	Intitulé	Échéance	%	Situation	Points bloquants	Actions
A2C	Lot 1	Expression de besoin DG	31/1	100		Collecte des besoins des Directions	Prise en charge d'une partie de la
A2C	Lot 1	Inventaire de l'existant	31/1	100			collecte par A2C
A2C	Lot 1	Plan de management	31/1	100			
A2C	Lot 1	Planning de référence	31/1	100			
CGI	Lot 2	Besoins DG / Directions	31/3	10	Tendance		
CGI	Lot 2	Maquette	31/3	100			
A2C	Lot 2	Fiche de description indicateurs	31/3	10			
A2C	Lot 2	Cahier des charges de l'outil	31/3	25			
CGI	Lot 3	Données sélectionnées	31/6	0			
A2C	Lot 3	Livre blanc de l'outil	31/6	0			
A2C	Lot 3	Fiches de recette	31/6	0			

Actions réalisées dans la période passée

LOT 1
Rédaction du TDB N°2 (période 20 au 25 février 2005)
LOT 2
Réunion avec Prospective Software (analyse de la faisabilité technique du TDB) (03/04)
Analyses techniques DRC / AMJ Software sur des données BRIO et SAS (04/03)

Actions prévues dans la période à venir

LOT 1
15/03 - Comité de projet
LOT 2
Collecte et mise en forme des fiches indicateurs : "Direction du Risque Caution" (CGI) et "DRH", "Direction de l'Audit Sociétaires" et "Moyens Généraux" (MET)
Collecte et mise en forme des fiches indicateurs : "Direction du risque caution" (GC)
Semaine 11 (14 au 18/03) : Analyse des offres des prestataires et choix du prestataire

Exemple : Compagnie d'assurance – Déploiement d'une
« balanced scorecard »

Exemple : Mutuelle d'assurance – Déploiement d'un référentiel
de conduite des projets informatiques

Outil – Livrable : cartographie des risques du projet

Tout projet rencontre des risques. Ceux-ci peuvent avoir des conséquences en termes d'atteinte de l'objectif et de respect des délais et des moyens mis en œuvre. Maîtriser ces risques suppose de réaliser la cartographie des risques et des facteurs qui peuvent les engendrer. La cartographie permet au chef de projet de synthétiser sa réflexion sur les facteurs de risques du projet et de prendre les mesures préventives permettant d'éviter l'apparition de ces risques ainsi que les mesures curatives pour en limiter les effets.

Pour chaque action à réaliser dans le projet, il faut :

• Identifier les risques possibles (ce sont souvent les mêmes dans une entreprise ou dans des projets de même nature) ; leur probabilité d'apparition (faible, moyenne, forte) ; leur gravité sur l'atteinte des objectifs (pourcentage de non-atteinte des objectifs) et le respect des délais en nombre de jours de retard) et des moyens en nombre de jours/homme, budgets, etc. (faible, moyenne, forte).

• Inventorier les actions préventives (elles permettront de limiter la probabilité d'apparition des aléas identifiés).

• Recenser les actions curatives (elles permettront de réduire les effets des aléas en cas d'apparition).

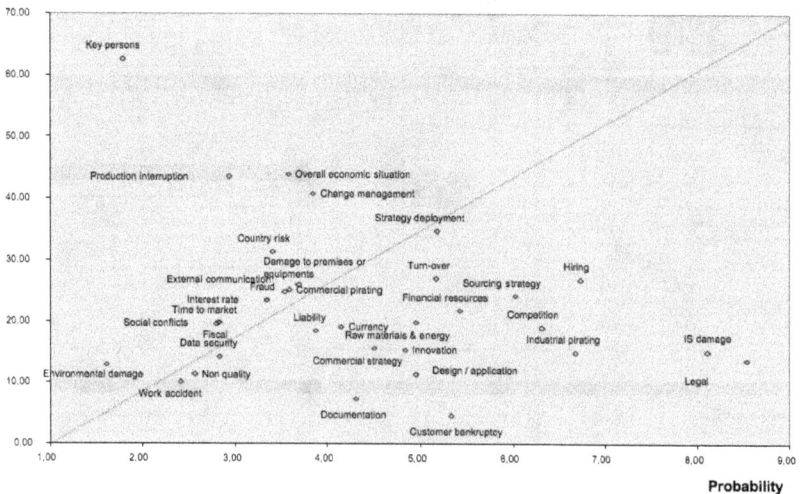

Exemple : Société industrielle – Cartographie des risques –
Projet d'acquisition stratégique

Outil – Livrable : plan de communication

Le plan de communication est un ensemble cohérent d'actions et de supports de communication permettant au projet d'atteindre ses objectifs de changement et de :

• Faciliter la compréhension du projet par tous (objectifs et modalités) et permettre à toutes les parties prenantes d'en avoir la même représentation.

• Favoriser l'implication et la contribution des acteurs du projet en levant les résistances et les freins existants.

• Faciliter à court et moyen termes l'acceptation et l'adhésion au changement et le maintien des conditions d'une contribution durable de tous.

L'élaboration d'un plan de communication passe par différentes étapes :

• Élaborer un diagnostic de communication : évaluer la capacité des différents acteurs de l'entreprise à s'adapter efficacement au changement engendré par le projet, c'est-à-dire :

– analyser en détail l'objectif, le contexte et le contenu du projet ;

– identifier et segmenter les acteurs ;

– analyser leur position a priori par rapport au projet (enjeux/risques, freins, leviers, etc.) ;

– analyser les supports de communication existants.

• Déterminer les orientations de la communication :

– définir les objectifs globaux de communication par types d'acteur ;

– préciser les rôles et les comportements attendus de chacun dans le projet selon le découpage du projet.

• Concevoir le dispositif de communication (communication globale et spécifique du projet) :

– définir les acteurs cibles de la communication ;

– concevoir les messages par types d'acteur ;

– choisir les moyens ;

– fixer le calendrier de communication.

• Formaliser le plan de communication : organiser, dans le temps, les étapes de la communication, c'est-à-dire reprendre le dispositif de communication et le projeter dans le temps (sous forme d'un tableau planning).

Phase 2

Conception

Carte du Sénégal

Le programme Actions Dakar, Sénégal et Mauritanie[1]

En 2002, les organisateurs du Rallye Dakar signent un partenariat avec SOS Sahel et créent le programme Actions Dakar. Cette entité fédère les bonnes volontés présentes sur le rallye au travers un programme de projets de développement durable. L'ambition est de donner la possibilité aux populations locales d'être actrices de leur propre développement. Réunis en groupements, les villageois proposent et mettent et œuvre, avec le soutien d'Actions Dakar, des projets dans les domaines de la préservation de l'environnement : protection et plantation d'arbres, fixations de dunes, éducation à l'hygiène et bonnes pratiques environnementales... En six ans d'existence, le programme Actions Dakar est cité en exemple par le ministère de l'Environnement sénégalais et s'étend sur le Sénégal et la Mauritanie.

Voici quelques chiffres :

– 133 projets réalisés ;

– 310 463 personnes concernées ;

– 648 000 euros financés à hauteur de 75 % par Amaury Sport Organisation (A.S.O.) et 25 % par SOS Sahel sur six ans ;

– 57 000 personnes sensibilisées aux bonnes pratiques environnementales ;

– 23 émissions radiophoniques ;

– 3 300 personnes formées aux techniques de gestion des ressources naturelles ;

– 402 000 plants produits dans les pépinières ;

– 136 000 pieds plantés ;

– 34 200 jeunes pousses protégées grâce à la régénération naturelle assistée ;

– 212 compostières produites ;

– 1 070 hectares protégés pour permettre une régénération forestière naturelle ;

– 91 tables de micro-jardinage construites ;

– 50 500 personnes bénéficiaires de la collecte des ordures ;

– 304 canaris à robinet (réservoirs d'eau) mis en service ;

– 98 latrines et 62 puisards réalisés ;

---

1. Source : www.sossahel.org.

– 20 bassins d'irrigation construits ;

– 6 puits construits ;

– 1 point d'eau réhabilité…

Parallèlement, les concurrents et partenaires du Rallye Dakar apportent une très généreuse contribution au programme Actions Dakar depuis 2006.

• Risques majeurs du programme Actions Dakar :

Risque humain : ne pouvoir satisfaire toutes les demandes de projet tant les besoins sont énormes ; ne pas aller à l'essentiel.

Risque de périmètre : l'étendue du programme (une province entière, de nombreuses structures partenaires, des activités très diversifiées) nécessite un suivi rigoureux et des compétences très variées.

Risque financier : Arrêter le programme en raison de l'annulation du rallye en 2008 et son transfert en Amérique latine.

• Dispositif de Maîtrise des Risques du programme Actions Dakar :

– une équipe de pilotage terrain de grande qualité (coordonnateur et animateurs locaux) ;

– une instance de décision composée d'élus locaux et de représentants des organisations locales de développement et des instances gouvernementales ;

– des résultats probants donnant envie aux organisateurs de continuer à financer le programme. En 2009, le Dakar ne se déroule plus en Afrique, mais Actions Dakar continue…

Ce projet est exemplaire à plus d'un titre. En effet, rien n'oblige le célèbre rallye à financer des projets de développement durable au bénéfice de plus de 300000 habitants au Sénégal et en Mauritanie.

Après la phase d'initialisation, le projet peut passer à la phase de conception. Le succès de cette nouvelle phase passe par la réalisation de trois étapes successives :

• détermination des caractéristiques de la solution/produit ;

• recherche de solutions/produits ;

• choix de la solution/produit.

Étape 1 : détermination des caractéristiques de la solution/produit

Cette étape consiste à déterminer avec précision les caractéristiques du produit du projet, formalisées dans un cahier des charges.

Voici les risques spécifiques à l'étape de détermination des caractéristiques du produit et le DMR correspondant :

Risques	DMR
Absence de cahier des charges.	Démarche de conduite de projet incluant des documents types tels que le cahier des charges.
Rubriques du cahier des charges insuffisamment explicitées.	Dispositif de contrôle qualité.
Absence de classement des fonctions entre bloquantes et flexibles.	Démarche de conduite de projet incluant des documents types tels que le cahier des charges.
Absence de validation des hypothèses par des experts.	Dispositif de contrôle qualité.
Absence de quantification.	Dispositif de contrôle qualité.

Étape 2 : recherche de solutions/produits

Cette étape consiste à rechercher des scénarios permettant de réaliser le produit en respectant les éléments du cahier des charges. Diverses méthodes permettent de déterminer des scénarios, rationnelles, méthodiques et aussi plus spontanées, telles que les méthodes de créativité.

Voici les risques spécifiques à l'étape de recherche de scénarios et le DMR correspondant :

Risques	DMR
Absence de réalisation de benchmark.	Dispositif de pilotage du projet.
Non-utilisation de méthodes de créativité telle que le « brainstorming ».	Dispositif de pilotage du projet.
Absence de validation des scénarios par les bénéficiaires avant de les entériner.	Dispositif de pilotage du projet.
Absence de prise en compte des effets indirects d'un scénario.	Dispositif de contrôle qualité des livrables.
Sélection de scénarios inadaptés.	Dispositif de pilotage du projet.

ÉTAPE 3 : CHOIX DE LA SOLUTION/PRODUIT

Cette étape a consisté à choisir le meilleur scénario. À ce titre, les scénarios identifiés doivent être formalisés dans un dossier permettant de faire le choix le plus adapté.

Les critères pris en compte sont a minima les suivants :

– Le niveau théorique d'adéquation aux besoins exprimés dans le cahier des charges ;

– Le retour sur investissement de chaque scénario ;

– Un certain nombre de critères annexes :

  • difficultés techniques ;

  • attrait pour les utilisateurs, usagers, clients, etc. ;

  • facilité d'entretien, de réparation, d'évolutivité, etc.

Voici les risques spécifiques à l'étape de choix du scénario et le DMR correspondant :

Risques	DMR
Non prise en compte de critères objectifs mesurables dans le dossier de choix du scénario.	Démarche de conduite de projet incluant une liste de critères types permettant un choix rationnel du scénario.
Absence de scénario alternatif.	Démarche de conduite de projet obligeant à l'existence d'au moins deux scénarios.

En plus de l'utilisation d'outils spécifiques à la phase, le succès de la phase de conception passe par l'utilisation d'outils et de livrables de gestion de projet et de pilotage des risques.

Outil – Livrable : cahier des charges

Voici les principales rubriques d'un cahier des charges (norme AFNOR X50-151) :

1. Présentation générale du problème

1.1. Projet

1.1.1. Finalités

1.1.2. Espérance de retour sur investissement

1.2. Contexte

1.2.1. Situation du projet par rapport aux autres projets de l'entreprise

1.2.2. Études déjà effectuées

1.2.3. Études menées sur des sujets voisins

1.2.4. Suites prévues

1.2.5. Nature de(s) prestation(s) demandée(s)

1.2.6. Parties concernées par le déroulement du projet et ses résultats (demandeur, utilisateurs)

1.2.7. Caractère confidentiel s'il y a lieu

1.3. Énoncé du besoin (finalités du produit pour le futur utilisateur tel que prévu par le demandeur)

1.4. Environnement du produit recherché

1.4.1. Liste exhaustive des éléments (personnes, équipements, matières, etc.) et contraintes qui constituent l'environnement du produit du projet au cours de son utilisation et qui se trouvent en situation d'agir sur lui ou de subir ses actions ; éventuellement indication des conditions particulières d'environnement à d'autres moments si cela peut avoir une influence sur la conception du produit

1.4.2. Caractéristiques concernées pour chaque élément de l'environnement

2. Expression fonctionnelle du besoin

2.1. Fonctions de service et de contrainte

2.1.1. Fonctions de service principales (qui sont la raison d'être du produit)

2.1.2. Fonctions de service complémentaires (qui facilitent, améliorent ou complètent le service rendu et peuvent être proposées sous forme optionnelle)

2.1.3. Contraintes (qui sont des limitations à la liberté du concepteur-réalisateur jugées nécessaires par le demandeur)

2.2. Critères d'appréciation en soulignant ceux qui sont déterminants pour l'évaluation des réponses

2.3. Niveaux des critères d'appréciation et ce qui les caractérise

2.3.1. Niveaux dont l'obtention est imposée

2.3.2. Niveaux souhaités mais révisables, assortis de :

2.4. Flexibilités, déjà définies comme l'ensemble des indications exprimées par le demandeur sur les possibilités de moduler les niveaux

3. Cadre de réponse

3.1. Pour chaque fonction

3.1.1. Solution proposée (souvent commune à plusieurs fonctions)

3.1.2. Niveau atteint pour chaque critère d'appréciation de cette fonction et les modalités de contrôle prévues par le concepteur-réalisateur

3.1.3. Part du prix attribué à chaque fonction, chaque fois que possible

3.1.4. Justifications techniques et économiques du choix des principes retenus parmi les autres principes possibles

3.2. Pour l'ensemble du produit

3.2.1. Prix de réalisation de la version de base et des différentes options qui sont couvertes

3.2.2. Options et les variantes proposées non retenues au cahier des charges avec leur justification

3.2.3. Mesures prises pour respecter les contraintes et leurs conséquences économiques

3.2.4. Coûts d'installation, d'exploitation, de maintenance, etc., à prévoir

3.2.5. Décomposition en sous-ensembles, en modules et ventilation correspondante du prix

3.2.6. Prévisions de fiabilité

3.2.7. Perspectives d'évolution technologique (espérance de vie économique de la solution proposée)

Outil – Livrable : brainstorming

Le brainstorming constitue un protocole favorisant la production d'idées par un groupe de personnes. Il a pour finalité de générer des idées nouvelles pouvant déboucher sur des « innovations de rupture ».

Il s'utilise de la façon suivante :

• Constituer un groupe de créativité composé de cinq à douze personnes.

• Installer les membres du groupe dans un lieu propice à la créativité.

• Distribuer à chaque personne un feutre et un paquet de cartes leur permettant d'inscrire leurs idées à leur rythme, sans goulot d'étranglement.

• Expliquer le thème de la recherche et préciser les règles de fonctionnement.

• Inviter les personnes à produire leurs idées et à les coller sur un grand tableau prévu à cet effet (il est possible d'utiliser des Post-it) afin que l'ensemble des participants ait en permanence une vue de l'ensemble des idées émises.

• Veiller pendant toute la phase de production d'idées à ce que les personnes ne se censurent pas elles-mêmes et qu'elles ne critiquent pas les idées des autres participants.

• Quand les participants n'ont plus d'idées, reprendre chaque idée émise puis demander au groupe de l'expliciter et de la rendre opérationnelle.

• Supprimer les idées non recevables et classer les idées intéressantes en catégories.

• Reprendre par la suite chaque catégorie d'idée et identifier des solutions chiffrées. Le passage de l'idée à la solution permet de constater que des idées au départ farfelues… peuvent en fait se transformer en solutions opérationnelles opportunes.

Outil – Livrable : dossier de choix

Le dossier de choix a pour vocation de :

– effectuer une comparaison synthétique entre les intérêts spécifiques des différents changements proposés ;

– élaborer un bilan économique et fonctionnel de chacun d'entre eux ;

– obtenir l'accord des responsables concernés pour la mise en œuvre de ces changements.

Il s'utilise de la façon suivante :

• Valoriser les solutions proposées : la méthode la plus complète pour valoriser une solution est celle du retour sur investissement (RSI) qui nécessite d'évaluer :

– les gains/économies suite au changement préconisé : salaires (par réduction charge de travail et/ou postes de travail), réduction des stocks, maîtrise de risques, chiffre d'affaires, marges générées, etc. ;

– les coûts suite au changement préconisé : frais de mise en œuvre (formation, investissements, déménagements, développements informatiques, coûts sociaux, etc.), frais indirects (bureau, informatique, matériel, etc.).

• Mettre en perspective, dans le temps, les frais de mise en œuvre par rapport aux gains/économies obtenues. Par exemple : la mise en œuvre de la solution coûte 500 000 euros et permet d'effectuer des économies de 100 000 euros par an. Son RSI est donc de cinq ans.

• Présenter les informations nécessaires et suffisantes pour obtenir la validation des solutions retenues, le dossier de choix comportant :

– des éléments quantitatifs indispensables pour une prise de décision (RSI) ;

– des informations qualitatives (contraintes et leviers) permettant d'enrichir et de compléter les caractéristiques de la solution.

• Obtenir les décisions de validation :

– la prise de décision dans le projet doit se faire dans le cadre d'un comité de décision et être reportée sur le dossier de choix ;

– la validation des solutions proposées peut faire l'objet d'un compromis et passer par une mini-étude de faisabilité, sous la forme d'une maquette, d'un test ou d'un site pilote.

Phase 3

Réalisation

« On ne leur avait pas dit que c'était impossible. Alors ils l'ont fait… »

Mark Twain

La construction de la pyramide de Khéops, Égypte (suite)

* Le nombre d'or

L'aire de chaque face de la pyramide est égale à la superficie d'un carré dont le côté aurait la hauteur de la pyramide. En d'autres termes, la relation des faces de la pyramide à sa hauteur est égale au nombre d'or… appelée encore « divine proportion » en architecture. Rappelons que le nombre d'or correspond à la valeur du rapport entre deux grandeurs homogènes, en vertu duquel la plus petite peut être comparée à la plus grande exactement de la même manière que la plus grande au tout. Son expression mathématique est $(1 + 5)/2$, soit $1,61803…$

* La quadrature du cercle

De tout temps, les mathématiciens ont essayé de trouver la quadrature du cercle, ce qui revient à trouver un cercle ayant la même surface qu'un carré. La pyramide de Khéops mesurait $232,805$ mètres de côté pour une hauteur de $148,208$ mètres. Son périmètre était donc égal à quatre fois son côté, soit $931,22$ mètres. La division de son périmètre par deux fois sa hauteur donne le rapport de $3,14$! Rappelons que $3,14$ est la valeur de Pi, qui correspond au rapport de la circonférence au diamètre… Troublant, non ?

* Risque majeur de la construction de la pyramide de Khéops

Risque architectural : aligner l'édifice en fonction des étoiles avec une précision incroyable ; construire un édifice avec une précision jamais égalée par la suite dans la construction d'un bâtiment de ces proportions.

• Dispositif de Maîtrise des Risques de la construction de la pyramide de Khéops :

– utilisation des connaissances des plus grands savants de l'époque (« initiés ? ») ;

– compétences en mathématique et en astronomie incroyables pour l'époque.

Étape 1 : préparation des travaux

Cette étape consiste à préparer les chantiers avant de passer à l'action. Elle comprend la planification des tâches, la définition du programme et la mobilisation des ressources.

Voici les risques spécifiques à l'étape de préparation et le DMR correspondant :

Risques	DMR
Absence de planification des tâches.	Dispositif de pilotage du projet à double niveau : stratégique et opérationnel.
Absence de mobilisation des ressources critiques.	Dispositif de gestion des personnes sollicitées.
Absence de mise en place de la logistique appropriée.	Mise en œuvre des processus supports du projet.

Étape 2 : exécution des travaux

Cette étape consiste à construire le produit fini qui répondra aux objectifs précisés dans le cahier des charges.

La fonction de régulation est très importante dans cette étape. En effet, c'est elle qui permet de prendre en compte et de traiter les événements aléatoires nécessitant des modifications du scénario retenu pour atteindre les objectifs du projet.

La construction du produit cible doit être pilotée et ses risques mis sous contrôle. C'est la raison pour laquelle il est indispensable de définir les indicateurs qui permettront l'atteinte de l'objectif. Tout cela semble évident et pourtant, dans la réalité, les indicateurs de pilotage et de contrôle interne sont souvent oubliés. Pensez par exemple à une application informatique que vous utilisez au quotidien et posez-vous la question : réalise-t-elle les traitements qu'elle est censée réaliser ? Fournit-elle des indications de pilotage et de contrôle interne (informations statistiques sur les flux, les délais, le taux de disponibilité, etc.) ?

Voici les risques spécifiques aux dispositifs de pilotage et de contrôle interne et le DMR correspondant :

Risques	DMR
Dispositif de pilotage du projet inadapté.	Dispositif de pilotage du projet à double niveau : stratégique et opérationnel.
Absence de dispositif de contrôle qualité.	Dispositif de contrôle qualité.
Absence de dispositif de communication.	Dispositif de communication.

ÉTAPE 3 : VALIDATION DES TRAVAUX

Cette étape consiste à réceptionner le produit et à s'assurer de la conformité de celui-ci par rapport au cahier des charges. Dans le cas de produits grand public, un processus de qualification passant par des validations d'autorités externes est nécessaire.

Cette étape paraît être une évidence. Elle s'impose naturellement dans le domaine industriel. C'est moins le cas dans d'autres secteurs ou d'autres circonstances. Ainsi, les équipes projet ont souvent à réaliser la validation de leurs travaux à la place de leurs clients. C'est particulièrement vrai dans le cadre des projets informatiques avec les risques de mécontentement des utilisateurs pouvant en résulter…

Voici les risques spécifiques à l'étape de validation et le DMR correspondant :

Risques	DMR
Absence de réception formelle.	Démarche de conduite de projet incluant une réception formelle.
Absence de validation en regard du cahier de charges.	Démarche de conduite de projet incluant une réception formelle.
Adaptations demandées au fil de l'eau non intégrées dans le cahier des charges.	Dispositif de pilotage.
Absence de décision claire de passer du prototype à la production en série ou de la phase de réalisation à celle de mise en service.	Dispositif de pilotage.

En plus de l'utilisation d'outils spécifiques à la phase, le succès de la phase de réalisation passe par l'utilisation d'outils et de livrables de gestion de projet et de pilotage des risques.

Outil – Livrable : méthode PERT

La méthode PERT est une technique de gestion de projet qui permet de visualiser la dépendance des tâches et de procéder à leur ordonnancement ; c'est un outil de planification. Le terme PERT est l'acronyme de program (ou project) evaluation and review technique, qui peut se traduire par « technique d'évaluation et d'examen de programmes » ou « de projets », ou encore « technique d'élaboration et de mise à jour de programme ». C'est également un jeu de mot avec l'adjectif anglais pert, signifiant « malicieux », « mutin ». Cette méthode fut inventée aux États Unis avec l'objectif de fournir un moyen d'organiser les travaux de recherche et développement en matière de balistique visant à rattraper le retard pris par rapport à l'URSS. En effet, avec le lancement du Spoutnik 1, les Soviétiques ont mis en orbite le 4 septembre 1957 le premier satellite artificiel de la Terre. Cela signifiait pour les Américains que les Russes avaient la capacité d'envoyer un missile nucléaire sur le sol américain… Avec la méthode PERT, le programme fut raccourci, passant ainsi de sept ans à quatre ans. De plus, la démarche PERT ayant réussi l'exploit de coordonner 250 fournisseurs et 9000 sous-traitants devint une des méthodes de référence en matière de planification. Cette méthode d'organisation est sans doute l'une des plus exigeantes en termes de rigueur, mais aussi l'une des plus puissantes. Plus récemment, c'est également grâce à elle qu'il a été possible de construire en deux ans seulement une machine aussi gigantesque que le transatlantique Queen Mary 2.

Cette méthode permet de :

• Coordonner les tâches à réaliser pour atteindre les objectifs du projet.

• Identifier le degré d'incertitude de réalisation du projet dans les délais souhaités, par la mise en avant du chemin critique.

• Prendre des décisions d'arbitrage sur les délais, les tâches et les moyens.

Elle s'utilise de la manière suivante :

• Lister les tâches qui doivent être menées dans le projet en précisant :

– leur date de début possible ;

– leur date de fin ;

– leur durée ;

– leurs liens de dépendance (tâche précédente, tâche successive, tâche conjointe).

• Représenter ces informations sous la forme d'un graphe de dépendance mettant en évidence les tâches qui doivent être réalisées les unes à la suite des autres et celles pouvant être menées en parallèle.

• Déterminer le chemin critique : il est constitué des tâches qui doivent être réalisées successivement et représentant la durée totale cumulée la plus importante.

• Calculer les dates « au plus tôt » et « au plus tard » des tâches hors chemin critique (la date « au plus tard » est la date au-delà de laquelle une tâche hors chemin critique doit débuter afin de ne pas retarder l'échéance finale).

• Reporter le réseau PERT sur un tableau planning.

Outil – Livrable : planning de Gantt

Le diagramme de Gantt a été défini en 1910 par Henry Laurence Gantt, à l'époque ingénieur en mécanique et consultant en management. C'est un outil utilisé (souvent en complément d'un réseau PERT) en ordonnancement et gestion de projet. Il permet de visualiser dans le temps les diverses tâches liées composant un projet ainsi que l'avancement du projet. Le planning de Gantt permet de suivre la consommation des ressources mises à disposition du projet et de prévoir et de maîtriser les éventuels dérapages. Il permet également de suivre l'avancement du projet et de mettre en avant, tâche par tâche, le temps consommé, celui restant à consommer et les dépassements éventuels. Dans ce sens, cet outil permet de planifier de façon optimale le projet et également de communiquer sur le planning établi et les décisions à prendre dans le cas d'un non respect de celui-ci.

Il permet de :

• Optimiser les délais de traitement et l'utilisation des ressources (hommes, machines, locaux, etc.).

• Visualiser les charges à réaliser.

• Prévoir et contrôler la répartition des affectations.

• Ajuster les moyens à la situation.

- Suivre le degré d'avancement des travaux.

Il s'utilise de la manière suivante :

- Identifier les contraintes de simultanéité ou d'enchaînement des tâches les unes par rapport aux autres.

- Calculer par tâche le temps total d'intervention.

- Construire un tableau à double entrée, avec en ligne les ressources utilisées et en colonne une division du temps (unité de mesure à définir : jour, semaine, mois, trimestre, etc.).

- Positionner dans le temps la durée de réalisation de chaque tâche, à l'intersection de la ligne de la tâche et des colonnes temps. On utilise généralement les principes de positionnement suivant :

– priorité à la réalisation des actions dont la date de fin est la plus rapprochée ;

– priorité à la première action définie ;

– priorité aux actions dont la durée totale est la plus courte ;

– priorité aux actions qui utilisent au moins une ressource critique ;

– priorité aux actions qui disposent du minimum de marge globale.

- Renseigner au fil de l'eau l'avancement des travaux en regard du temps.

- Identifier :

– les travaux en cours (respect des délais ? fin prévue avant l'échéance ? dérapages de temps probable ?) ;

– les travaux terminés (en avance ; à bonne date ; en retard).

Outil – Livrable : fiche de relevé de décision

La fiche de relevé de décision est un moyen de communication et de réactivité sur le projet qui permet de statuer sur un problème particulier : un événement faisant obstacle au bon déroulement du projet ou une décision dépassant le périmètre de responsabilité du chef de projet.

La fiche de relevé de décision est utilisée essentiellement par les membres de l'équipe projet, pour soumettre et faire décider le comité de pilotage du projet sur un problème gênant le bon l'avancement du projet.

Elle se compose de plusieurs rubriques :

• Objet/sujet : il s'agit de l'activité/du processus dont il est question.

• Objet/objectif : il s'agit du but recherché (dans le cadre du projet).

• Description/contexte : rappeler de manière succincte les points gênant l'avancement du projet (si possible quantifiés) et nécessitant l'intervention d'une instance de décision.

• Description/propositions : l'équipe projet doit prendre position et proposer aux décideurs des solutions possibles et si possible quantifiées.

• Réponses et observations : l'accord, le refus, les réserves émises par l'instance de décision sont notées lors de la réunion (ou de l'entretien s'il n'y a qu'un décideur).

• Instance de validation/Date et signature : il est essentiel de noter précisément la date de prise de décision et faire signer les décideurs pour marquer le caractère officiel de la décision.

Outil – Livrable : Plan d'Assurance et de Contrôle de la Qualité (PACQ)

Le PACQ est un document énonçant « les pratiques, les moyens et la séquence des activités liées à la qualité spécifiques à un produit, un projet ou un contrat particulier » (extrait de la norme ISO 8402). La démarche qualité a pour but d'homogénéiser et d'assurer une cohérence dans les pratiques des projets afin d'améliorer la qualité des produits, d'optimiser les méthodes de travail, de capitaliser et partager les expériences.

Prenons l'exemple de la direction des systèmes d'information (DSI) d'un centre de recherche

La démarche qualité s'appuie sur la définition, la stabilisation et la documentation des activités de développement des produits à deux niveaux :

– niveau référentiel : il s'agit des procédures, plans types et guides méthodologiques communs à la DSI ; ces documents sont regroupés dans le site de conduite de projet de la DSI ;

– niveau spécifique : il s'agit de l'application de ces procédures de manière spécifique dans chaque projet ; ces dispositions font l'objet d'un PACQ par projet.

La démarche qualité est formalisée dans le cadre du PACQ.

Ce document est rédigé pour chaque projet par le correspondant qualité DSI du projet en collaboration avec le chef de projet et le responsable qualité de la DSI. Spécifique au projet considéré, il lie contractuellement le maître d'œuvre et la maîtrise d'ouvrage. Il s'élabore lors du démarrage de la phase de développement du projet.

Dans la pratique, il importe de se limiter aux dispositions les plus pertinentes pour le projet considéré et de veiller à la facilité d'utilisation du PACQ. Il doit rester un document synthétique renvoyant en tant que de besoin aux procédures et guides méthodologiques du site de conduite de projet de la DSI. Après validation par le chef de projet et le responsable qualité de la DSI, le PACQ peut être diffusé à toutes les parties prenantes (maîtrise d'ouvrage, maîtrise d'œuvre, équipes projets, etc.).

Le PACQ peut être remis à jour à chaque étape d'avancement du projet. Dans ce cas, il sera soumis à l'acceptation des interlocuteurs les plus directement concernés.

Voici le contenu type du document :

1. Objet et caractéristiques

1.1 Objectifs du plan : objectifs du plan d'assurance et de contrôle de la qualité : buts, partenaires et finalités poursuivies.

1.2 Domaine d'application : systèmes et logiciels concernés.

1.3 Responsabilité de réalisation et de suivi du plan : responsabilités des acteurs : rôles (définition, rédaction, diffusion, validation, mise en œuvre et suivi du plan) et limites.

1.4 Documents applicables et documents de référence

1.4.1 Documents applicables : liste des documents applicables : documents dont l'application est imposée et vérifiable (par exemple : procédures, normes, etc.).

1.4.2 Documents de référence : liste des documents de référence : documents permettant d'effectuer le développement, mais qui ne sont pas imposés (par exemple : guides méthodologiques).

1.5 Critères et procédure d'évolution du système ou logiciel concerné : critères et procédure d'évolution.

1.6 Procédure de dérogation : modalités de dérogation.

2. Terminologie

2.1 Glossaire des termes : termes communs au projet.

2.2 Abréviations : abréviations et acronymes utilisés dans le cadre du projet.

3. Système qualité mis en œuvre pour le projet

3.1 Objectifs et engagements qualité du projet : principaux objectifs et engagements qualité du projet.

3.2 Mesures de la qualité (propriété et métrique) : paramètres retenus pour atteindre les objectifs et les engagements qualité définis au paragraphe précédent.

3.3 Documentation qualité du projet : documentation qualité mise en place sur le projet.

3.4 Activités d'assurance et de contrôle de la qualité : activités d'assurance et de contrôle qualité appliquées au projet.

3.5 Documents relatifs à la qualité du projet : ensemble des documents relatifs à la qualité du projet.

4. Conduite de projet

4.1 Organisation du projet : organigramme des missions assurées au sein du projet (liens hiérarchiques et fonctionnels) ainsi que rôles et responsabilités (chef de projet, équipe projet, etc.).

4.2 Présentation des activités couvertes par le projet : ensemble des activités nécessaires au projet.

4.3 Planification et suivi du projet : méthodes de planification et de suivi utilisées dans le projet.

5. Démarche de développement du système d'information

5.1 Cycle de développement : méthodologie de développement du système d'information (développement spécifique ou développement avec un progiciel de gestion intégrée).

5.2 Description des étapes du cycle de développement : description de chaque étape en précisant les tâches à réaliser, responsabilités, méthodes, langages, outils (matériels et logiciels utilisés), fournitures attendues (logiciel, documentation).

6. Gestion de la documentation

6.1 Règles de gestion de la documentation du projet : responsabilités, cycle de vie et état des documents, présentation, structure, outils de gestion et classement de la documentation.

6.2 Identification de la documentation : règles d'identification propres au projet.

6.3 Sauvegarde et archivage : procédures de sauvegarde et d'archivage propres au projet (structure des dossiers de sauvegarde, droits d'accès, périodicité des sauvegardes).

7. Gestion de la configuration logiciel

7.1 Responsabilités : responsabilités pour le processus de gestion de la configuration logiciel du projet.

7.2 Identification des éléments : ensemble des éléments impactés par le processus de gestion de la configuration : liste des composants logiciels de l'application, des moyens de développement et de tests, règles de constitution des identifiants, liaisons entre les différents éléments.

7.3 Cycle de vie et états des éléments : méthodes de gestion des versions, révisions, modalités de vérification et de validation.

7.4 Sauvegarde et archivage : méthodes de sauvegarde et d'archivage pour le processus de gestion de la configuration logiciel.

8 Gestion des modifications

8.1 Gestion des modifications : processus de gestion des modifications du projet.

9. Contrôle des fournisseurs

9.1 Relations DSI/Fournisseurs : relations DSI/Fournisseurs et modalités de suivi ou de contrôle dans le cas d'achats de prestations intellectuelles pour la production d'un nouveau système d'information ou pour la maintenance d'une application existante.

9.2 Documents de liaison : liste des documents de liaisons.

9.3 Description des documents : description succincte des objectifs de chacun des documents de liaisons.

Phase 4

Mise en œuvre

« Alea jacta est. »

César (se préparant à passer le Rubicon)

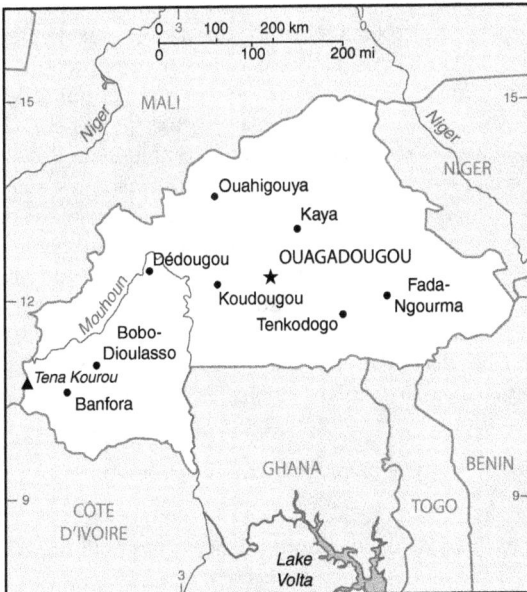

Carte du Burkina Faso

La décentralisation des pouvoirs de l'État dans le département de Boussé, Burkina Faso[1]

Le Burkina Faso est l'un des pays les plus pauvres du monde avec près de la moitié de sa population vivant sous le seuil de pauvreté. Il est situé dans un environnement naturel caractérisé par des pluviométries très aléatoires et mal réparties. La jeune commune de Boussé est la plus importante de la province du Kourwéogo, située dans la région du Plateau-Central, avec une population de près de 40 000 habitants. Elle compte seize villages et une ville. Cette commune est restée longtemps politiquement et économiquement enclavée. L'agriculture et l'élevage, principales sources de revenus des populations, sont peu viables. La région est caractérisée par une économie faible et une grande pauvreté des femmes. De 2001 à 2005, SOS Sahel initie avec la mairie de Cholet un véritable projet de développement local, d'abord dans le village de Sao puis dans douze autres villages environnants dans le département de Boussé. En 2005, à l'issue de ce projet, les partenaires ont constaté un bilan positif par rapport aux résultats attendus. Cela les a non seulement incités à poursuivre cette initiative de solidarité dans les villages où ils étaient présents, mais aussi à étendre l'expérience à quatre autres villages de la nouvelle commune de Boussé. L'objectif du premier projet était d'aider les populations rurales à améliorer leur condition de vie, en offrant notamment des alternatives aux femmes pour augmenter leurs revenus, et aux hommes pour apprendre à mieux gérer leur production agricole. Le nouveau projet qui a débuté en juin 2006 va dans le même sens, mais avec cette fois-ci l'accent sur l'accompagnement des institutions de la commune de Boussé, grâce à des formations, dans le but de bien assimiler les rouages du processus de décentralisation nouvellement mis en place par l'État burkinabé. Tous les ménages de la commune de Boussé bénéficient de ce projet, soit 28 000 personnes dans les seize villages et 12 000 personnes dans la zone urbaine de Boussé, soit un total de 40 000 personnes. Les objectifs à atteindre dans ce projet d'une durée de cinq ans et d'un budget de 312 000 euros financés par des dons particuliers, la ville de Cholet et le ministère des Affaires Étrangères sont :

– appuyer le conseil municipal dans l'élaboration d'un projet de territoire ;

– mettre en place avec le conseil municipal un outil financier pour l'appui aux filières économiques les plus porteuses ;

---

1. Source : www.sossahel.org.

– accompagner la transition des commissions villageoises de gestion du terroir vers les conseils villageois de développement dans les seize villages ;

– améliorer le fonctionnement des comités de gestion des structures sanitaires et éducatives.

• Risques majeurs du projet Boussé :

Risque de durée : la durée du projet peut le banaliser.

Risque de périmètre : la dispersion liée à l'élargissement du projet initial à de nombreux thèmes.

Risque de méthode : le passage de micro-projets de développement villageois à une démarche de développement territorial nécessitant un diagnostic plus global et le choix d'actions d'intérêt mutuels et prioritaires pour le développement local.

Risque financier : la nécessité de soutenir des actions de développement économique pour assurer la viabilité des équipements communaux (points d'eau, services de santé, système éducatif, etc.).

• Dispositif de Maîtrise des Risques du projet Boussé :

– une conduite du changement appropriée se traduisant par la création et l'entretien d'une dynamique de progrès permanent générateur d'amélioration de la qualité de vie de 28 000 personnes impliquées dans les actions ;

– une coopération technique entre les élus de deux collectivités locales situées à plusieurs milliers de kilomètres de distance.

La phase de production terminée commence la phase de mise en œuvre du produit du projet si le produit est unique, ou de la production en série si le produit est destiné à l'être. Prenons le cas d'un produit unique se traduisant par une forte composante de changement. Le succès de la phase de mise en œuvre passe alors par la réalisation de huit étapes successives :

1. identification des forces en présence ;

2. définition de la stratégie de passage de « gap » ;

3. réalisation des tests ;

4. déploiement de la solution ;

5. assistance utilisateurs/clients ;

6. actions d'accompagnement ;

7. mesures de contournement ;

8. dissolution de la structure projet

Étape 1 : identification des forces en présence

Cette étape consiste à identifier les forces en présence, pour et contre, individuelle et collective.

La résistance au changement

Mais pourquoi tant de résistance à changer alors que nous passons notre vie à changer, de la naissance à la mort ? Et pourtant, face à un changement, nous éprouvons toujours des résistances fortes. Et cela se vérifie, quelle que soit la nature du problème que l'on cherche à traiter, que celui-ci nous concerne en totalité ou alors simplement un petit peu. Une partie de nous-mêmes est d'accord pour changer, mais une autre préfère les bénéfices secondaires de ne pas changer.

Quels sont ces bénéfices secondaires ? Prenons l'exemple d'une personne qui se plaint à longueur de journée qu'une partie de son travail n'est pas intéressante. Proposons-lui de lui ôter cette partie. Cette même personne ne sera pas forcément d'accord. Mettre en place une solution pour traiter un problème, ce n'est donc pas seulement gérer ce problème, mais aussi traiter les bénéfices secondaires de ne pas changer. C'est aussi avoir conscience des forces qui existent et qui peuvent favoriser ou contraindre la mise en œuvre de la solution, que celle-ci concerne une seule personne ou tout un groupe.

Quelles actions conduire ?

Les actions suivantes peuvent faciliter la mise en œuvre des modifications, parfois extrêmement importantes, issues de la reconception des filières de traitement. Mais, avant de les présenter, il faut noter que… l'acceptation de toute transformation suppose comme condition préalable indispensable la crédibilité de celui qui la propose. Celle-ci dépend de son image, c'est-à-dire la perception que les personnes concernées ont de lui et du crédit qu'elles lui accordent. Ceci repose, dans une large mesure, sur l'accessibilité au dialogue et la conviction personnelle de l'agent de changement.

La mise en place des actions de changement, dans le cadre d'un projet de reconception et, compte tenu de l'ampleur de ces dernières (par opposition à un simple projet d'optimisation), nécessite un accompagnement de la part non seulement de toute la structure projet, mais aussi de la hiérarchie supérieure de l'entreprise, afin de développer un climat de confiance favorable.

Une dynamique progressive

Une fois établi un climat favorable au changement, il reste à créer une dynamique progressive. Le bon déroulement des phases précédentes a une influence très importante sur le déroulement de cette phase. Le chef de projet tirera un bénéfice réel des efforts consentis en amont à cette étape. L'effet sera clairement perceptible. Il ne devrait pas y avoir de rejet parce que le besoin, la logique, la volonté ou les bénéfices du changement ne sont pas connus, clairs, compris, acceptés ou vus comme inéluctables. Il n'y aura donc pas de blocage, rejet ni dysfonctionnement.

Absence de blocage

En effet, les acteurs et les parties prenantes auront été pris en compte ; leur position, leurs intérêts, leur compréhension auront été évalués et traités en conséquence. Ainsi, EDF a développé une méthodologie d'étude préalable à l'implantation des lignes à haute tension qui est particulièrement développée, spécialisé une unité dans la conduite de ces projets, intégré des plans écologiques, économiques, esthétiques et politiques qui dépassent de loin les préoccupations techniques déjà considérables dans ce type de projet.

Absence de rejet

Les avantages de l'aboutissement du projet doivent être exposés, expliqués, illustrés, communiqués et rappelés. De plus les intérêts divergents doivent être ménagés, négociés ou écartés et les difficultés du parcours et celles de l'adoption de la solution dans le concret identifiées, expliquées, traitées et donc surmontées. Par analogie, lors d'une intervention médicale, l'appréhension est gérée par une explication simple et concrète des causes, modalités, avantages à faire et risques à ne pas faire et par un accompagnement de proximité pendant l'opération.

Absence de dysfonctionnement majeur

C'est bien l'objet de l'étude préalable, des spécifications détaillées, des plans de tests, de l'élaboration puis du suivi des indicateurs de qualité, voire de sécurité et de risques.

Le changement de comptabilisation à La Poste, France

La Poste a longtemps suivi ses opérations comptables en partie simple. Les mouvements étaient enregistrés en encaissements et décaissements (R2/D2, etc., pour recettes et dépenses et une typologie d'opération concernées) puis centralisés et enfin convertis en comptabilité d'engagement. Un projet d'évolution de neuf ans a été conduit pour accompagner le passage à un enregistrement moderne en partie doublé par les collaborateurs des 17000 bureaux de poste. Il a fallu les équiper de plus de 30000 postes de travail, former tout le personnel. En un week-end (de la Toussaint), La Poste a fait passer l'ensemble de ses bureaux à la partie double. Seul l'un de ses 17000 bureaux a dû décaler de trois heures son ouverture, tous les autres ouvrant à l'heure habituelle sans effet perceptible pour les clients.

* Risques majeurs du projet de changement de comptabilisation :

Risque humain : 17000 personnes pas toutes entrées à La Poste pour vivre une aventure professionnelle… et donc pour la plupart d'entre elle peu attirées par le changement.

Risque syndical : La Poste constitue aujourd'hui l'un des laboratoires sociaux du gouvernement depuis que la régie Renault est devenue une entreprise privée.

* Dispositif de Maîtrise des Risques du projet de changement de comptabilisation :

Une conduite du changement menée avec beaucoup de professionnalisme ;

Une forte implication des représentants du réseau commercial.

Gérer les craintes du personnel

Rassurer

Face aux craintes du personnel freinant la mise en place, il est possible de rassurer en adoptant plusieurs démarches.

On peut ainsi minimiser les risques perçus par la démonstration de la facilité, la formation, le soutien/aide en accompagnement (assister à la mise en œuvre, observer les possibles déviations et apporter, au besoin, son aide), la prévision d'une période d'essai pour corriger les imperfections de départ et s'ajuster, la garantie de retour en arrière à la demande, etc. Il est essentiel de commencer par sécuriser les personnes concernées.

Par ailleurs, on peut annoncer la progressivité de la mise en place, la généralisation étant précédée d'une expérimentation en « projet pilote ».

Il est également envisageable d'assurer un accompagnement facilitant : explication, prise en compte des réactions, formation, et assistance.

Enfin, on peut garantir le retour en arrière en cas d'insatisfaction durable.

Mobiliser

Une fois les craintes dissipées, on peut alors « mobiliser » en fixant des directives impératives ; « verrouillant » les modifications (empêchant le retour en arrière) ; contrôlant les activités ; enfin, en utilisant l'effet d'entraînement (de leaders exemplaires, ou d'autres transformations techniques ou matérielles, etc.) ou la pression sociale.

Valeur ajoutée du changement et participation du personnel

Lorsque le gain semble être seulement fictif, il importe de montrer la valeur ajoutée apportée par le changement. Mais si la réticence est due à la perception d'une divergence d'intérêt ou à une méconnaissance des apports possibles des évolutions prévues, il convient plutôt d'impliquer les parties concernées dans la conception des actions. Si le chef de projet les associe au projet, dès la phase 1, les conclusions seront, au moins en partie, les leurs. On obtiendra leur accord sur une position commune. Cela permettra d'éviter les incompréhensions, les procès d'intention et les malentendus qui font parfois ressentir, à tort, des modifications comme négatives : une mobilité, par exemple, nécessite, certes, un effort, mais peut aussi ouvrir des perspectives d'avenir…

Cependant, la participation optimale des personnels à la préparation des changements varie d'une étape à l'autre :

- prise en compte de leurs préoccupations dans la détermination des problèmes ;
- collecte auprès d'eux des informations qu'ils connaissent mieux que quiconque ;
- demande de validation (ou d'aménagement) des explications et critiques ;
- invitation à apporter, sans censure, toutes leurs idées d'amélioration ;
- contribution organisée au choix des solutions retenues ;
- responsabilisation dans la mise en œuvre et le suivi des résultats.

Négociation et communication

Toutefois, l'opposition des intérêts est parfois réelle. L'acceptation, par les agents concernés, des modifications envisagées, suppose alors la négociation de contreparties ou de compensations...

À SAVOIR

Selon le degré de convergence, on passera de la confrontation des points de vue dans la recherche d'un équilibre admis, à la consultation qui valorise les suggestions faites, ou à la co-décision en concertation, voire à l'autonomie plus ou moins complète des choix d'auto-organisation.

Attention, il est préférable de ne pas tarder dans la mise en œuvre des opérations de changement une fois la décision prise. De même, il est indispensable d'effectuer la mise en place des changements par étapes, selon un planning de démarrage strict. Une information sur les résultats de la phase doit être réalisée auprès du comité de direction, du comité de pilotage, de l'équipe projet, de l'encadrement et du personnel concerné.

La migration informatique de la société Alpha, France

Constatant l'obsolescence de son application de gestion des commandes, de préparation des approvisionnements et de suivi des livraisons, la société Alpha a décidé sa refonte complète. L'équipe informatique chargée de ce projet utilise alors une méthodologie de conception de système d'information et développement d'applications éprouvée et réputée, définissant les phases et les outils à utiliser : étude préalable (avec élaboration d'un modèle conceptuel et organisationnel des données et des traitements), puis étude fonctionnelle détaillée, puis étude technique, avant production du logiciel (avec production d'une documentation et de jeux d'essai). Toutefois, on constate, lors de la mise en place, que la solution à laquelle ont abouti les informaticiens (caractérisée, entre autres, par la recentralisation de certains traitements...) est rapidement contestée par une partie des agents concernés. Une « levée de boucliers » des responsables conduit même à devoir reprendre plusieurs aspects qui semblaient pourtant acquis. Cela engendre des pertes de temps importantes. Les délais fixés au départ sont ainsi rapidement décalés. Le budget est également largement dépassé jusqu'à ce qu'il faille remettre en cause l'ensemble du projet et interrompre à plusieurs reprises sa mise en place.

La direction de la société Alpha décide alors de « remettre à plat » toute l'analyse, ce qui met en évidence que :

– faute d'avoir été suffisamment expliqués, les changements retenus sont mal compris par les salariés, qui craignent avant tout une augmentation de leur charge de travail ou de devoir changer d'emploi ;

– le personnel craint aussi de ne pas arriver à s'adapter à ses nouvelles tâches ;

– de plus, le choix du moment de mise en place des modifications (à la veille d'une élection syndicale) exacerbe les réticences et est sans doute inopportun ;

– fondamentalement, ce qui semble faire obstacle à l'acceptation de la nouvelle application est d'avoir oublié de prévoir certaines conditions de mise en œuvre, peut-être parce que personne ne se sent véritablement responsable de l'implantation du nouveau système. Les agents ont notamment le sentiment que les moyens ne seront pas suffisants, les équipements ne seront pas adaptés ou fournis à temps, le travail demandé ne sera pas compatible avec les contraintes des locaux, etc.

Un programme d'action extrêmement détaillé est alors mis sur pieds, qui définit de façon très précise toutes les tâches à effectuer, ce que chacun a à faire et ce dont chacun est responsable, ainsi que les échéances pour lesquelles est attendu l'achèvement de chacune des missions et les dates intermédiaires auxquelles sera pointé l'avancement de chaque opération. Mais c'est la mise en place d'un ambitieux plan d'accompagnement donnant la part belle à la formation qui a permis de déboucher sur une mise en œuvre réussie de la nouvelle application. Une enquête sur les a priori du personnel est réalisée ; des présentations du projet, suivies de débats, sont effectuées ; des démultiplicateurs désignés pour la formation des opérateurs bénéficient d'une formation de formateurs appropriée ; les cadres des services concernés sont réunis et impliqués concrètement dans la conduite du changement ; etc.

• Risques majeurs du projet de migration informatique :

Risque qualité : non-atteinte des résultats.

Risque financier : dépassement des budgets.

Risque délai : dépassement de l'échéance.

Risque humain : résistance au changement.

• Dispositif de Maîtrise des Risques de la migration informatique :

– réalisation d'un bilan des difficultés rencontrées sans concession ;

– clarification des responsabilités de chacun ;

– implication de relais pour favoriser l'appropriation de l'outil.

Les freins classiques

Quels sont les freins classiques au changement ? Notre expérience de consultant d'entreprise nous a montré que les résistances au changement les plus courantes sont souvent les mêmes.

La culture
Une solution allant à l'encontre d'une valeur fondamentale du responsable ou de ses collaborateurs est très difficile à mettre en œuvre.

L'absence de bénéfices individuels
Une solution privilégiant l'intérêt général est très difficile à mettre en œuvre dans une culture très individualiste où l'intérêt individuel ou catégoriel l'emporte sur l'intérêt collectif.

Des priorités antagonistes
Une solution allant à l'encontre d'un résultat donnant lieu à reconnaissance sera difficile à mettre en œuvre.

La paresse

Une solution entraînant un travail supplémentaire peut se heurter à une résistance liée à la paresse, cette situation étant favorisée par la « culture 35 heures ».

Une absence d'effets secondaires directs

Une solution traitant un problème généré quelque part mais dont les conséquences sont visibles ailleurs n'est pas toujours la priorité des personnes qui en sont à l'origine. Ceci est renforcé par une absence de traçabilité : la personne devant corriger le problème ne pouvant en identifier la provenance.

L'inquiétude, voire la peur

C'est là aussi un frein au changement très classique, surtout dans une culture à fort besoin de contrôle de l'incertitude : peur de la solution, de ne pas y arriver, de ce que les autres vont dire si on n'y arrive pas...

Un manque de compétence

L'incapacité à faire quelque chose constitue un frein à ne pas mésestimer. Heureusement, la plupart des compétences peuvent s'acquérir. Encore faut-il respecter la façon dont chacun apprend : plus ou moins rapidement, seul ou avec un moniteur, dans une salle ou sur le terrain.

La défense personnelle

Le conservatisme, l'un des freins les plus classiques, est lié au manque de capacité à se remettre en cause. Pensez à des personnes de votre entourage qui ont un comportement qui les isole des autres, qui en ont conscience... mais qui préfèrent le conserver.

L'inertie des habitudes

C'est également l'un des freins les plus classiques : le poids des habitudes, la routine, la passivité face à toute idée de changement... Combien de fois avons-nous entendu « *On a toujours fait comme ça, ça marche... Pourquoi changer ?* » ou encore « *On ne change pas une équipe qui gagne* ». On attend plutôt qu'elle perde, comme l'équipe de France de football lors de la Coupe du monde de 2002 en Corée du Sud !

La crainte des représailles

Ce frein est particulièrement présent dans les entreprises qui automatisent certains travaux avec des machines plus complexes à faire fonctionner. Il est lié à l'idée que le changement va entraîner des contrôles, des jugements ou des sanctions.

Le désintérêt

Ce frein est lié au manque d'intérêt qu'une personne peut avoir pour une solution, en termes d'avantages et de possibilités que celle-ci apporte. A *contrario*, des solutions très technologiques peuvent passionner certains.

L'incompréhension

Ce type de frein est lié à la méconnaissance des enjeux de la mise en œuvre de la solution ou au scepticisme à l'égard des objectifs poursuivis.

L'intérêt personnel

Le rejet de dépit correspond à une stratégie personnelle. Certaines personnes, dans certains contextes, peuvent décider de saboter la mise en œuvre d'une solution, même si celle-ci apporte des améliorations, uniquement par intérêt personnel, ou pour faire du tort à d'autres.

Le manque de confiance en soi

Ce frein est lié à la certitude de ne pas y arriver, et correspond à des personnes qui manquent de confiance en elles. Elles partent ainsi battues d'avance. Ce sentiment est souvent lié à des souvenirs d'apprentissage douloureux dans la petite enfance (école primaire).

La fuite

Elle concerne des personnes qui, devant une difficulté, préfèrent la fuite afin d'échapper à la situation future.

Le mimétisme

Ce type de frein correspond à l'adoption par certains des positions d'un leader opposant, ou au manque de confiance dans les choix effectués par l'entreprise.

Le corps humain est une merveille d'automatismes : notre cerveau gère ainsi pour nous la température, la pression sanguine, la respiration... Essayez simplement de penser à votre respiration et de respirer de façon consciente, avec la fréquence qui vous semble la plus adaptée. Vous vous rendrez rapidement compte que l'automatisme, c'est plus simple... et plus efficace ! Bref, nous voulons dire par là que notre organisme est organisé pour la stabilité, pas le changement... Pourtant, de la naissance à la mort, nous n'aurons pas cessé de changer...

Projet organisationnel bancaire

Voici les forces motrices et les freins et obstacles identifiés ayant dû être pris en compte.

Forces motrices	Obstacles et freins
Position en regard de la justification du projet	
Nécessité induite par les ruptures de l'environnement.	Investissements requis dont on ne maîtrise pas le financement.
Apports escomptables.	Incertitudes sur les résultats.
Prolifération des activités à rentabilité négative (marge d'amélioration)	Efforts de transformation à effectuer et coûts correspondants.
Caractéristiques de la motivation des collaborateurs	
Culture d'entreprise (esprit maison) :	Vision restrictive des enjeux.
	Faible niveau culturel de base.
– suffisance, rationalisme, productivisme à court terme et principe du parapluie ;	Attribution récente de nouveaux moyens.
– attribution récente de nouveaux moyens ;	Ancienneté du personnel.
– intérêts des agents ;	Désir des équipes de souffler un peu (préserver leur vie privée).
– existence d'un noyau de quelques collaborateurs « partants ».	Cloisonnements voire « chapelles ».
Attitude des catégories de personnel	
Demande et conviction de la direction générale.	Ambivalence ou réticences de l'encadrement.
Pressions de certaines catégories de personnel (commerciaux, etc.).	Opposition de certains partenaires influents. .../...

Critères de réalisme retenus	
Taille (humaine) de l'entreprise et temps laissé par les charges de travail.	Spécialisation de certaines fonctions (sans vision d'ensemble).
Antériorité d'améliorations déjà réussies.	Possibilité d'autres solutions.
Moyens de pression utilisés	
Offre de contreparties financières	Changement autoritaire des équipements

La résistance au changement n'est pas l'apanage des seules grandes organisations administratives : banques, compagnies d'assurance, administrations, ministères… En effet, on les rencontre également dans les sociétés industrielles… et même dans les cabinets de conseil en management et organisation. C'est un peu dans ce cas l'histoire de l'arroseur arrosé !

Projet de changement des méthodes de travail dans une compagnie pétrolière

Voici les attentes et les inquiétudes du personnel ayant dû être prises en compte.

Attentes	Inquiétudes
Allégement dû à un meilleur équilibre des charges de travail.	Devoir travailler plus (« cadences accélérées »).
Tâches plus intéressantes, fonctions plus variées et plus autonomes (plus de pouvoirs).	Être écarté de son poste (sur la touche), muté à une place déplaisante ou subir des contraintes supplémentaires.
Possibilités de reclassification.	Probable déqualification progressive.
Valorisation de soi, mise en évidence plus équitable du travail réalisé par chacun, émulation.	Renforcement des contrôles pointilleux.
Facilité et confort accrus, aide, diminution des nuisances et de la pollution et sécurité améliorée.	Fatigue. …/…

	Mobilité fonctionnelle ou géographique imposée par rapport au lieu d'habitation, horaires (décalage, dimanche, fêtes, etc.) ayant un impact sur la vie privée et la structure familiale.
Temps de travail aménageable.	
Salaires augmentés et partage des bénéfices.	Perte d'avantages acquis tels les primes d'horaires décalés, travail de nuit, etc. entraînant la baisse de la rémunération globale.
Intéressement financier à la réussite du projet.	Jalousies et injustices en cas de commissionnement différentiel (« à la tête du client »).
Éviter d'être « doublé » par un collègue ou avoir de nouvelles opportunités de promotions ou des ouvertures de carrière plus favorables.	Engagement dans un avenir qui menace d'être difficile.

Les moteurs classiques

À l'opposé, certaines forces peuvent favoriser la mise en œuvre d'une solution. Les moteurs les plus forts sont les suivants.

La satisfaction des besoins

Le comportement d'une personne s'explique par la recherche de la satisfaction de besoins caractéristiques dans un ordre précis : besoins physiologiques, puis de sécurité, puis d'appartenance, suivi d'un besoin d'estime et enfin de réalisation. Cependant, il n'est pas toujours possible à une personne de satisfaire tous ses besoins dans son poste de travail. Dans ce cas, elle va rechercher à l'extérieur de l'entreprise la satisfaction de ses besoins (compensation). Elle adoptera alors dans l'entreprise un comportement de régression vers les besoins de niveaux inférieurs.

L'opportunisme

Il s'agit de la possibilité de se prouver ou de prouver aux autres sa capacité à réussir le changement escompté.

Le goût du défi

L'esprit de compétition est renforcé par l'incertitude de l'atteinte de l'objectif.

L'attrait pour l'innovation

Ce moteur désigne le besoin de se retrouver dans un cadre nouveau, de « remettre les compteurs à zéro ».

L'esprit d'équipe

Il permet de coopérer avec d'autres personnes sur un projet.

La vision à moyen terme

La projection dans le temps permet de mieux situer l'utilité du changement et ses finalités.

À SAVOIR

La mise en place d'une solution implique donc plusieurs choses : tout d'abord, un terrain propice dans lequel les freins sont traités et les moteurs utilisés ; mais aussi la réalisation d'un certain nombre d'actions, par une ou plusieurs personnes ; le tout dans un ordre précis.

Voici les risques spécifiques à l'étape d'identification des forces en présence et le DMR correspondant :

Risques	DMR
Absence d'identification des freins au changement tels que les valeurs ; absence de bénéfices individuels ; existence de priorités antagoniques ; paresse ; absence d'effets secondaires directs ; inquiétude voire peur ; manque de compétences (incapacité à) ; conservatisme ; inertie des habitudes ; crainte des représailles ; désintérêt ; incompréhension ; intérêt personnel ; manque de confiance en soi ; fuite ; mimétisme…	Démarche de conduite de projet incluant l'identification des forces négatives en présence.
Absence d'identification des moteurs au changement tels que la satisfaction des besoins, l'opportunisme, le goût du challenge, l'attrait pour l'innovation, l'esprit d'équipe, la vision à moyen terme…	Démarche de conduite de projet incluant l'identification des forces positives en présence.

ÉTAPE 2 : DÉFINITION DE LA STRATÉGIE DE PASSAGE DU « GAP »

Cette étape consiste à définir l'accompagnement nécessaire à la mise en œuvre de la solution. En effet, un certain nombre d'actions de prévention doivent être conduites avant la mise en œuvre de la solution. De plus, le choix du moment opportun est un facteur de succès pour mettre en œuvre les changements.

Certaines résistances sont dues à un manque de prévision ou au choix d'un moment inopportun, et ce par précipitation pour « parer au plus pressé ». Il est nécessaire de prendre le temps et du recul pour effectuer la préparation indispensable ou obtenir la maturation requise. Un planning non tenu, un non-respect des dates d'application annoncées et/ou une lenteur de mise en place induisent un fort risque de démotivation si cela « traîne ».

À SAVOIR

Les résistances au changement sont souvent liées à un défaut d'anticipation : un système centré sur des prévisions rigides en volume, la non-prise en compte des évolutions extérieures, une interférence d'événements ou de transformations parallèles de l'environnement économique et de la concurrence, imprévus et non maîtrisables, entre le moment de l'étude et l'application de ses conclusions... et qui remettent en cause celles-ci.

Tout est donc une question de choix judicieux du moment et du rythme de réalisation du changement, de construction par étapes (en « verrouillant » progressivement les acquis) et de flexibilité pour prendre en compte les aléas. Il est indispensable de vérifier que le choix du moment et le rythme sont opportuns : alternance des actions résolues et rapides et des temps de maturation nécessaires.

Planification

Il est utile de commencer par faire une liste « *à la Prévert* » des actions à conduire pour mettre en œuvre la solution. Dans un second temps, les actions de cette liste seront classées chronologiquement : certaines ne pourront être réalisées qu'après d'autres ; d'autres pourront être réalisées en parallèle, etc. On utilise pour cela la méthode PERT afin de réaliser le schéma théorique de déroulement des actions. Comme nous l'avons vu précédemment, cette méthode permet de planifier la mise en place de la solution retenue, c'est-à-dire de combiner dans le temps les actions techniques de changement et les actions d'accompagnement (qui traitent les résistances au changement).

Cette planification des actions à réaliser permet aussi de contrôler :

- la durée de mise en place de la solution ;
- les dates calendaires (début, étapes intermédiaires et fin) de la mise en place de la solution en intégrant les contraintes de simultanéité et de dépendance.

Cette planification permet enfin de prévenir et de traiter de façon préventive et/ou curative les aléas les plus prévisibles et qui seraient de nature à remettre en cause la mise en œuvre de la solution. Le travail de planification réalisé n'est que théorique. Il doit être complété par une planification à l'aide d'un calendrier et en prenant en compte les contraintes et disponibilités des personnes concernées par la mise en œuvre de la solution. Un tableau planning de type Gantt comme vu précédemment peut aider à mettre en évidence la planification des actions à réaliser et les contraintes de ressources. Dans un planning, on cherche à répondre à trois questions :

- qui ?
- doit faire quoi ?
- pour quand ?

En effet, en situation de travail, on se rend vite compte du manque de disponibilité des personnes impliquées dans la résolution du problème… et le planning théorique explose par les empêchements nombreux et répétitifs (formations, réunions, congés, ARTT, etc.) ! Il est donc primordial de tenir compte de ces aléas et de les prévenir autant que faire se peut lors de l'élaboration même du planning.

Tests et apprentissage

De même que les entreprises testent leurs produits sur un marché test avant de le proposer sur l'ensemble du territoire, ou que les hommes politiques testent les idées de réformes sur l'opinion avant de les présenter à l'Assemblée nationale, il est prudent de tester la solution avant de la généraliser. En revanche, une fois la décision prise, même si c'est un peu dur au départ, acceptez-la et ne revenez pas en arrière trop rapidement…

Nous n'avons pas tous la même façon d'apprendre. Certains d'entre nous apprennent plus vite, d'autres apprennent en situation réelle, d'autres encore ont besoin qu'on leur montre comment faire, certains apprennent en faisant eux-mêmes, en se trompant…

À SAVOIR

Tout changement, qui consiste à passer d'une situation à une autre, en supprimant au passage, autant que faire se peut, la possibilité de fonctionner de la façon ancienne, est très déstabilisant. Un accompagnement technique ou psychologique peut s'avérer indispensable.

Voici les risques spécifiques à l'étape de définition de passage du « gap » et le DMR correspondant :

Risques	DMR
Absence de prise en compte des freins au changement tels que les valeurs, l'absence de bénéfices individuels, l'existence de priorités antagoniques, la paresse, une absence d'effets secondaires directs, l'inquiétude voire la peur, un manque de compétence (l'incapacité à), le conservatisme, l'inertie des habitudes, la crainte des représailles, le désintérêt, l'incompréhension, l'intérêt personnel, le manque de confiance en soi, la fuite, le mimétisme…	Dispositif d'accompagnement du changement.
Absence de prise en compte des moteurs au changement tels que la satisfaction des besoins, l'opportunisme, le goût du challenge, l'attrait pour l'innovation, l'esprit d'équipe, la vision à moyen terme…	Dispositif d'accompagnement du changement.

ÉTAPE 3 : RÉALISATION DES TESTS

Cette étape consiste à réaliser un site pilote ou un prototype afin de le tester techniquement par rapport au cahier des charges et également de ses bénéficiaires.

Dans les projets concernant de nombreux bénéficiaires, il est prudent de procéder à un test avant le déploiement afin d'évaluer en situation la performance du résultat du projet et de réaliser les ajustements nécessaires (favorisant le confort des utilisateurs par exemple).

Voici les risques spécifiques à l'étape de réalisation du site pilote et le DMR correspondant :

Risques	DMR
Absence de test préalable au déploiement général.	Démarche de conduite de projet incluant des tests avant déploiement ou passage de la production du prototype à la grande série.
Absence d'aménagements nécessaires ne rendant pas la solution optimale.	Démarche de conduite de projet incluant des tests et une prise en compte des résultats.
Durée de test non significative.	Planning de test.
Absence de certaines parties prenantes lors du test.	Démarche de conduite de projet incluant la détermination de la liste des parties prenantes du produit du projet dès le lancement de celui-ci.

Étape 4 : déploiement de la solution

Cette étape consiste à mettre en service le produit du projet. Le déploiement intervient après que les résultats du prototype aient été validés par toutes les parties prenantes. Il contient des aspects techniques, humains, réglementaires…

Voici les risques spécifiques à l'étape de déploiement de la solution et le DMR correspondant :

Risques	DMR
Manque d'organisation et de méthode dans le déploiement à grande échelle de la solution.	Démarche de conduite de projet incluant les principes à respecter dans le cadre d'un déploiement à grande échelle.
Parties prenantes non sollicitées lors de la phase de réception du produit.	Démarche de conduite de projet incluant la détermination de la liste des parties prenantes du produit du projet dès le lancement de celui-ci.

ÉTAPE 5 : ASSISTANCE UTILISATEURS/CLIENTS

L'assistance utilisateurs consiste à apporter une assistance sur site ou à distance aux utilisateurs.

Voici les risques spécifiques à l'étape d'assistance utilisateurs et le DMR correspondant :

Risques	DMR
Manque de compétences de l'équipe d'assistance.	Dispositif d'assistance utilisateurs.
Absence de capitalisation des difficultés et problèmes rencontrés par les utilisateurs entraînant des réponses imprécises et tardives.	Dispositif de capitalisation des expériences, foire aux questions, clubs utilisateurs, etc.

ÉTAPE 6 : ACTIONS D'ACCOMPAGNEMENT

Cette étape consiste à accompagner les utilisateurs. En matière de mise en œuvre, on pense souvent aux actions techniques et pas assez aux actions d'accompagnement, qui permettent justement que les actions techniques puissent être déployées... Les actions d'accompagnement sont donc indispensables.

Les plus habituelles sont les suivantes :

- actions de communication ;
- actions de formation ;
- actions RH (mobilité interne, recrutement, négociation de départ, etc.).

Communication

Dans tout projet, la communication constitue une composante incontournable. Son impact peut être important ou faible. La communication, élément clé de la conduite du changement dans le cadre de très grands projets, est un chantier transversal qui doit être pris en compte très tôt dans le projet. L'une des premières actions de communication est en effet la note de lancement du projet.

La stratégie de communication dépend beaucoup de l'impact social du projet dans l'entreprise, des enjeux des résultats du projet pour l'entreprise, du niveau de risque et de l'impact sur les partenaires de l'entreprise.

Le plan de communication sera élaboré à partir de la stratégie de communication. Les éléments composants le plan de communication sont regroupés en deux parties : le plan média et les événements plus ponctuels.

Le plan média comprend les parties suivantes :

- les médias utilisés (journal, Intranet, etc.) ;
- les cibles visées ;
- les messages ou thématiques ;
- la périodicité des actions de communication ;
- les moyens à mettre en œuvre ;
- les animateurs.

Formation

Un projet se traduit souvent par des besoins en formation. Les membres de l'équipe projet tout d'abord ont souvent besoin de se familiariser avec la démarche et les outils qui seront utilisés dans le cadre du projet ainsi qu'avec certains outils de pilotage et techniques spécifiques liés à la nature même du projet. Mais ce sont surtout les bénéficiaires des changements occasionnés par le projet qui ont besoin d'être formés avant sa mise en place et accompagnés par la suite. De nombreuses séances de formation doivent ainsi être organisées en salle, avec des formateurs, un protocole, des supports de présentation, des exercices… Dans certains cas, cette formation se fait en situation de travail, sous la forme d'un monitoring. Une assistance à distance peut utilement être mise en œuvre afin d'assister les utilisateurs au quotidien. Une foire aux questions (FAQ) peut dans cet esprit être mise en place pour constituer une base de réponses standardisées aux questions revenant le plus fréquemment. Celle-ci sera alimentée au fil de l'eau.

Mesures de ressources humaines

Les mesures RH permettent la mise en œuvre de l'organisation cible. En effet, si l'organisation cible parle de postes et d'équivalents temps plein (ETP), l'entreprise est composée d'un « stock » de femmes et d'hommes avec leurs compétences et motivation, leur image interne, leur ambition personnelle, leur situation familiale...

Les mesures RH permettent donc d'intégrer ces caractéristiques et de conduire les actions nécessaires :

- mobilité interne de certaines personnes, tant fonctionnelle que géographique ;
- recrutement de collaborateurs ;
- négociation de départ pour certaines personnes.

ÉTAPE 7 : MESURES DE CONTOURNEMENT

Cette étape consiste à favoriser le fonctionnement de la solution/ produit alors que l'une de ces fonctions n'est pas encore livrée.

Dans certains cas, le dispositif/outil correspondant au résultat du projet ne répond pas parfaitement aux besoins exprimés et aux contraintes de fonctionnement. Dans ce cas, il est nécessaire d'identifier et mettre en œuvre des mesures de contournement. Celles-ci correspondent à des moyens détournés, non industriels, permettant, pendant la durée nécessaire, de pallier la situation. Un progiciel informatique peut répondre par exemple parfaitement aux besoins des utilisateurs ou seulement en partie. Dans ce cas, il peut être décidé d'adapter ce progiciel aux besoins, ou de mettre en œuvre des mesures de contournement (le plus souvent à l'aide d'outils bureautiques non industriels) afin de répondre aux besoins fonctionnels non satisfaits.

ÉTAPE 8 : DISSOLUTION DE LA STRUCTURE PROJET

Cette étape consiste à dissoudre la structure projet.

La réflexion sur la dissolution de l'équipe projet commence en fait avant cette étape du projet. En effet, il est important de réfléchir au reclassement des personnes détachées à plein-temps sur le projet à la fin de celui-ci et cette réflexion doit être initiée le plus en amont possible. Dans certains cas du reste, la participation au projet se fait dans le cadre d'un contrat avec le collaborateur concerné, cette participation étant le point de passage nécessaire pour prendre une responsabilité hiérarchique par la suite par exemple. En tout état de cause, il arrive un moment dans le projet où les membres de l'équipe projet s'inquiètent de leur avenir et peuvent à ce titre, en l'absence de vision claire, retarder sa bonne fin…

Voici les risques spécifiques à l'étape d'actions d'accompagnement et le DMR correspondant :

Risques	DMR
Cibles non identifiées.	Dispositif de communication.
Messages inadaptés.	Message adapté aux cibles de communication.
Réponses imprécises et théoriques données aux utilisateurs.	Dispositif de communication.
Non-connaissance du degré de satisfaction des utilisateurs.	Dispositif d'étude permanent du degré de satisfaction des utilisateurs.
Absence de mesures RH dans le cas de projets entraînant des mobilités internes ou des départs de l'entreprise.	Dispositif de gestion des ressources humaines.
Absence de réflexion sur le reclassement des personnes détachées à plein-temps sur le projet à la fin de celui-ci.	Dispositif de gestion des ressources humaines.
Absence d'accompagnement du travail de deuil des participants au projet.	Dispositif de deuil à l'attention des personnes ayant été très impliquées dans le cadre du projet.

En plus de l'utilisation d'outils spécifiques à la phase, le succès de la phase de mise en œuvre passe par l'utilisation d'outils et de livrables de gestion de projet et de pilotage des risques.

Outil – Livrable : carte des forces

La carte des forces est un outil directement inspiré de la **sociodynamique,** méthode développée en France au début des années 1980 par Jacques-Yves Fauvet, alors associé chez Bossard Consultants et fondateur de Bossard Institut. La sociodynamique cherche à comprendre le jeu des acteurs dans les organisations et permet de promouvoir la synergie par le développement du jeu commun et du crédit d'intention. Elle vise à approfondir la réflexion liée aux problématiques des transformations humaines dans la dynamique des organisations. La carte des forces, outil de sociodynamique, permet d'identifier les menaces et opportunités aux niveaux individuel et collectif. En effet, le changement est un processus complexe qui nécessite, pour les personnes concernées :

– la compréhension et l'acceptation de la cible visée (résultat et délai) ;

– la connaissance de la façon d'arriver à cet objectif (démarche) ;

– le renoncement aux bénéfices secondaires du maintien de la situation présente (gain) ;

Face au changement, une personne et un groupe adoptent une attitude composée de synergie et d'antagonisme.

Cet outil s'utilise de la façon suivante :

1. Identifier les catégories de personnes concernées par la mise en œuvre du changement.

2. Repérer leurs positions à l'aide de questions types :

– quelle est l'attitude prévisible de X ou Y à l'égard du projet ?

– comment se positionnent globalement les différentes catégories de personnes concernées par le projet ?

– y sont-elles plutôt favorables ou défavorables ?

– passives ou actives ?

– qu'ont-elles à gagner avec le projet et à perdre ? et pour citer Frédéric Dard : « On n'a rien à gagner à emmerder quelqu'un qui n'a rien à perdre » !

– quelles concessions est-on prêt à faire ?

– quelles influences sont-elles en mesure de s'exercer au sein de l'entreprise ?

– existe-t-il un ou plusieurs leaders ?

– peut-on dès à présent repérer des personnes influencées par d'autres ?

Positions alliées au changement :

• Le « triangle d'or » : leur côté synergique fait avancer le projet et leur côté antagoniste leur fait garder du recul et proposer des améliorations. Cette catégorie de personnes doit avoir des responsabilités dans la conduite du changement, notamment pour convaincre les hésitants ;

• Les « engagés » : ils adhèrent au projet sans retenue ni capacité critique. Totalement hermétique aux stratégies de compromis, cette catégorie de personnes doit être utilisée pour porter le projet dans des contextes à faible résistance au changement.

Positions « flottantes » vis-à-vis du changement :

• Les « hésitants » : parfois qualifiés de « faux jetons », car ils s'intéressent au projet (même s'ils s'intéressent également à celui des opposants s'il existe), ce sont des soutiens conditionnels au projet exerçant une forte influence sur les passifs. Cette catégorie de personnes doit être associée au changement pour en devenir actrice.

• Les « passifs » : ils sont considérés comme des poids morts, la « force tranquille ». Ils n'aiment pas se poser de questions ni l'incertitude. Ils ne sont pas intéressés : l'intérêt pour le projet passe par leur voisin. Cette catégorie de personnes doit être accompagnée de près.

Positions en opposition au changement :

• Les « grognons » : ce sont des passifs qui protestent, mais leur antagonisme se limite aux paroles. Ils constituent à ce titre un bon baromètre de ce que pense l'opinion publique par rapport au changement. Cette catégorie de personnes doit être plutôt ignorée.

• Les « opposants » : ils ne cherchent jamais l'accord, manient l'art de la critique négative, mais doivent être respectés dans leur opposition, car elle est le plus souvent légitime. Cette catégorie de personnes peut se soumettre moyennant quelques compensations.

• Les « révoltés » : ils ont un autre projet que le nôtre tout comme une autre vision de la vie. Heureusement, cette catégorie de personnes est très minoritaire et doit être soumise, voire exclue.

• Les « déchirés » : ils sont considérés comme des cas pathologiques, s'impliquant à l'extrême dans le changement et en même tant s'y opposant avec force.

3. Représenter leurs positions sur la carte des forces ;

4. Définir les actions de communication, de lobbying, etc., à entreprendre.

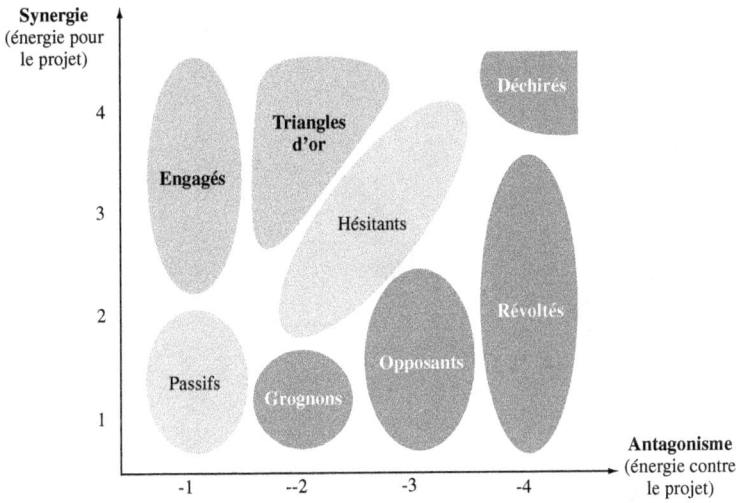

Présentation des sous-populations caractéristiques

Phase 5

Exploitation

« C'est un petit pas pour un homme, mais un bond de géant pour l'Humanité. »

Neil Armstrong

La construction du canal de Suez, Égypte

La construction du Canal de Suez fut un défi à la hauteur des pyramides d'Égypte. Elle fut également une véritable aventure semée d'embûches et de conflits d'intérêts. Beaucoup de risques durent être traités pour permettre son inauguration le 17 novembre 1869 par l'impératrice Eugénie, suivie de 77 navires de nations maritimes.

- Quelques rappels historiques :

L'idée d'un canal reliant la Méditerranée et la mer Rouge remonterait aux pharaons... Mais c'est à Napoléon III et Ferdinand de Lesseps qu'on doit in fine son existence... Avant l'ouverture du Canal en 1869, les marchandises devaient être transportées par terre entre la Méditerranée et la mer Rouge ou par mer en contournant l'Afrique par le cap de Bonne-Espérance... Cela se traduisait naturellement par des délais de transport importants... Le canal fut construit en dix ans (1859-1869) par la Compagnie Universelle du canal maritime de Suez de Ferdinand de Lesseps. Ses caractéristiques actuelles sont les suivantes :

– longueur : 173 kilomètres entre Port-Saïd sur la Méditerranée et Suez sur la mer Rouge ;

– profondeur : une vingtaine de mètres ;

– largeur : 300 mètres en moyenne ;

– canal ne comportant pas d'écluses, contrairement au canal de Panama ;

– projet concurrent à l'époque : construction d'une ligne ferroviaire égyptienne soutenue par les Anglais ;

– propriétaires à la fin des travaux : État égyptien (44 %) et 21 000 Français ;

– personnes étant intervenues dans la construction du canal : 1,5 million (dont 125 000 moururent, principalement du choléra).

• Le Canal aujourd'hui :

– troisième source en devises de l'Égypte ;

– sept millions de dollars US par jour de chiffre d'affaires ;

– 15 000 navires traversent le Canal chaque année, soit 14 % du transport mondial de marchandises ;

– un passage prend de onze à seize heures.

• Risques majeurs de la construction du canal de Suez :

Risque client : le canal s'adressait à des bateaux à vapeur, peu nombreux à l'époque. Il faisait donc le pari d'un changement de technologie des bateaux.

Risque technique : les travaux étaient pharaoniques et nécessitaient la coordination de presque 1,5 million de personnes pendant dix ans, soit des milliers de lots de travaux et des processus supports efficaces.

Risque politique : le canal mettait en exergue les intérêts divergents de plusieurs nations qu'il a fallu contenter et réguler.

Risque financier : les besoins de financement étaient colossaux et ont nécessité le recours à l'épargne publique.

Risque stratégique : le Canal était en compétition avec des infrastructures existantes et des projets concurrents tels que le train...

• Dispositif de Maîtrise des Risques de la construction du canal de Suez :

– financements importants ;

– compétences techniques de premier ordre des ingénieurs français et égyptiens ;

– qualité de l'organisation des travaux ;

– vision et engagement personnel des sponsors.

La phase de déploiement terminée, le produit du projet rentre en phase d'exploitation, dont le succès passe par trois étapes successives :

1. suivi des performances et ajustements ;

2. réalisation du bilan du projet ;

3. identification des évolutions souhaitables.

À la fin du projet, le dispositif qui permettra au résultat du projet (système d'information, processus reconfiguré, entité réorganisée, produit commercialisé, etc.) d'atteindre le niveau de performance attendu dans la durée doit être mis en place. Ce dispositif compte trois éléments :

- des outils de pilotage, essentiellement composés d'indicateurs de contrôle et d'actions de régulation en cas de survenance de dysfonctionnements constatés ;
- un système de contrôle interne garantissant la sécurité du produit ;
- un système d'assurance qualité favorisant la mise en place d'une dynamique de progrès permanent orientée clients.

ÉTAPE 1 : SUIVI DES PERFORMANCES ET AJUSTEMENTS

Cette étape consiste à suivre les performances de la solution/ produit et à réaliser les ajustements nécessaires. Malgré les tests réalisés et un processus qui a pu passer par la conception d'une maquette et d'un prototype, le produit du projet, à l'usage, peut présenter quelques imperfections. Cela ne signifie pas que le projet ait été mal mené, car ces imperfections n'auraient le plus souvent pas pu être identifiées. Seuls le temps et le nombre de produits en service ou le nombre d'utilisateurs expliquent l'apparition de tel ou tel problème. Pensez aux automobiles rappelées pour un risque d'usure sur une pièce mineure ou encore le retrait d'un médicament à cause d'un effet secondaire indésirable sur quelques patients alors que des millions de personnes peuvent au même moment utiliser la molécule et y trouver un bénéfice... Ce qui importe est de corriger rapidement le tir techniquement pour les bénéficiaires tout d'abord et aussi pour éviter que l'image du produit/service et de l'entreprise ne soit atteinte. Au contraire, certaines actions de communication habilement menées peuvent même profiter à l'entreprise et valoriser son image... Cela est possible à condition d'y mettre les moyens nécessaires : lobbying, communication, échanges et/ou réparations gratuites, cadeaux, etc.

Voici les risques spécifiques à l'étape de suivi de performances et ajustements et le DMR correspondant :

Risques	DMR
Absence de mise à jour de la documentation technique permettant de faciliter la maintenance curative ou une évolution ultérieure.	Démarche de conduite de projet incluant l'obligation de documentation. Dispositif de contrôle qualité.
Absence de validation par des fonctions spécialisées (audit/contrôle qualité) de la qualité réelle en fonctionnement du produit.	Dispositif de contrôle qualité.

Étape 2 : réalisation du bilan du projet

Cette étape consiste à prendre du recul et de repartir du début : quel était le besoin exprimé ? Avec quel cahier des charges ? Pour quelle rentabilité prévisionnelle ? À quelle date ?

Le bilan de projet est un exercice trop souvent négligé par les acteurs d'un projet. Il ne s'agit pas ici de faire une autocritique négative mais de capitaliser sur l'expérience collective vécue.

À SAVOIR

Un gros projet peut durer plusieurs années et concerner plusieurs centaines de personnes. Cela vaut la peine de passer quelques heures en débriefing !

Dans un débriefing, il est utile d'une part de lister les risques et les aléas non prévus auxquels il a fallu faire face (il serait dommage que les mêmes risques se reproduisent à l'avenir dans un projet de même nature) ; d'inventorier d'autre part les trucs et astuces qui ont permis de gagner du temps, faire prendre les décisions, combiner des tâches afin de mieux rentabiliser les ressources, disposer des experts au bon moment, etc.

Le retour d'expérience constitue le processus indispensable pour que l'entreprise soit en mesure de tirer vraiment parti de ce qu'elle a de plus précieux : les expériences individuelles et collectives des personnels ayant participé à des projets. Par manque de processus organisé, parce que tous les acteurs sont pris par le temps, ce processus est trop peu développé et les expériences individuelles rarement partagées.

Voici les risques spécifiques à l'étape de bilan de projet et le DMR correspondant :

Risques	DMR
Absence de réunion de synthèse avant la dissolution de l'organisation permettant la réalisation d'un bilan collectif en vue de tirer les enseignements pour les projets à venir.	Dispositif de capitalisation des expériences.
Absence de bilan final, comprenant l'analyse des problèmes rencontrés, les commentaires et les résultats obtenus transmis à la direction générale.	Démarche de conduite de projet incluant cette étape.
Absence de préparation du bilan final à l'aide des documents initiaux (étude d'opportunité, cahier des charges, etc.), des documents intermédiaires (rapports d'avancement, tableaux de bord, etc.) et des documents finaux (comptes rendus de décision, procès-verbaux de réunions de comité de pilotage, etc.).	Démarche de conduite de projet incluant la check-list des documents nécessaires pour le bilan.
Absence de retour d'expérience formalisé concernant l'ensemble des acteurs.	Dispositif de capitalisation des expériences.
Absence d'enrichissement de la base de données « retour d'expérience » si elle existe.	Existence d'une fonction spécialisée chargée de la base de retour d'expérience projet.

ÉTAPE 3 : IDENTIFICATION DES ÉVOLUTIONS SOUHAITABLES

Cette étape permet de définir, grâce aux apports des utilisateurs/clients, les évolutions de la solution/produit souhaitables.

Le produit/service est en exploitation et répond aux besoins et attentes de ses bénéficiaires. Cependant, il résulte de besoins identifiés dans le passé auxquels on a répondu d'une certaine façon avec la technologie, le design, les matériaux… de l'époque. Bien évidemment, les besoins et les attentes des clients et des usagers évoluent dans le temps.

Il est déjà temps de les identifier et de mettre en œuvre une réflexion sur :

- Les évolutions souhaitables du produit/service, en fonction de ses possibilités d'évolution (c'est le cas avec les évolutions de modèles automobiles, comme la Peugeot 207).
- Un nouveau produit/service qui viendrait remplacer le produit/service en exploitation (pensez au modèle précédent, Peugeot 206, elle-même remplaçante de la Peugeot 205, « un sacré numéro ! »).

Voici les risques spécifiques à l'étape d'identification des évolutions souhaitables et le DMR correspondant :

Risques	DMR
Absence d'identification des évolutions souhaitables.	Dispositif de mesure des résultats.

En plus de l'utilisation d'outils spécifiques à la phase, le succès de la phase d'exploitation passe par l'utilisation d'outils et de livrables de gestion de projet et de pilotage des risques.

Outil – Livrable : contrat de service

Le contrat de service (ou contrat « client/fournisseur »), matérialise une relation entre deux entités intervenant l'une en aval de l'autre. C'est un document formel qui contient les prestations réciproques entre deux unités et traduit leur engagement.

Il s'utilise lors d'une ou de plusieurs réunions entre les deux parties pour :

• Formuler les besoins du client (le bénéficiaire de la prestation) en termes de services attendus et les inscrire dans l'imprimé. Ils correspondent à ce que le client (situé en aval) est en droit d'attendre de son fournisseur (situé en amont).

• Formuler les engagements du fournisseur (l'émetteur de la prestation en termes de services attendus) et les inscrire dans l'imprimé. Ils correspondent à ce que le fournisseur s'engage à fournir à son client.

• Déterminer et inscrire dans l'imprimé les limites et conditions de cette garantie de service. En effet, le fournisseur s'engage à un niveau de performance sous réserve d'avoir les moyens de le faire (parfois ces moyens dépendent de son client).

• Déterminer et inscrire dans l'imprimé les indicateurs de mesure chiffrés (pouvant préciser une norme seule, ou une norme et des niveaux de performances dégradés correspondant à des situations précises : vacances, week-end, panne machine, surcharge de travail, etc.). Le contrat est respecté si le fournisseur fait zéro défaut, c'est-à-dire zéro différence avec la norme de performance qui a été définie.

- Faire signer les co-contractants, avec la date de prise d'effet du contrat.

Contrat de service **Projet ATLAS / Service Comptabilité Fournisseurs**	
Rédacteurs : • Mme Christine, Chef de projet • Mme Sophie, Chef du Service Comptabilité Fournisseurs	**Date :** 24/07/2008
Besoins de la direction de projet • Garantir aux fournisseurs du projet (Cabinets de conseil, SSII, hôtels, restaurants, compagnie de transport...) le règlement de leurs factures à la date prévue dans le contrat signé avec eux	
Contraintes du service Comptabilité Fournisseurs • Recevoir de la direction de projet les factures des fournisseurs du projet validées avant le dernier jour ouvrable du mois pour procéder aux contrôles obligatoires et à l'établissement des règlements à 30 jours fin de mois + 10 jours (délai normalde règlement des fournisseurs)	

Engagements réciproques :
 	
• La direction de projet s'engage à fournir au Service Comptabilité Fournisseurs les documents suivants :
  • Copie du contrat passé avec le fournisseur précisant l'accord par celui-ci des conditions générales de l'entreprise + copie du bon de commande validé par la Direction des achats
  • Chaque mois avant le dernier jour ouvrable : la facture validée
 	
• Le service Comptabilité Fournisseur s'engage à effectuer un virement correspondant au montant de la facture à 30 jours fin de mois + 10 jours dans le cadre du budget	

Indicateurs de mesure : • Nombre de dossiers fournisseur complets : bon de commande + contrat signé • Nombre de factures transmises avant le dernier jour ouvrable du mois • Nombre de virements réalisés à 30 jours fin de mois + 10 jours	
Christine	*Sophie*

Exemple de contrat de service projet de migration informatique.

Outil – Livrable : carte de contrôle

La carte de contrôle permet de formaliser les résultats d'observations faits sur un critère de performance, comme un pourcentage de défaut, un nombre de jours, un pourcentage de respect des délais, etc.

Elle s'utilise de la façon suivante :

• Identifier le critère à observer.

• Déterminer les seuils de tolérance acceptables :

– le seuil minimal : niveau de performance qui dessert la prestation (un délai très court peut être jugé trop court et faire considérer une prestation comme quelque peu bâclée, même s'il n'en est rien) ;

– le seuil maximal acceptable : niveau de performance qui, elle aussi, dessert la prestation (un délai très long peut être considéré pareillement trop long et faire considérer une prestation comme peu performante, même s'il n'en est rien).

• Effectuer par sondage des observations sur une durée suffisante (dépendant de la quantité d'opérations, de dossiers, d'objets, etc., à étudier).

• Calculer :

– la moyenne des résultats pour chaque journée ;

– la moyenne des résultats pour la période considérée ;

– l'étendue des résultats pour chaque journée ;

– la moyenne des étendues pour la période considérée.

• Reporter ces informations dans une carte de contrôle en mettant en évidence l'évolution des résultats ainsi que leur répartition en proportion.

• Repérer les résultats non compris entre les deux seuils de tolérance.

• Réaliser une réunion de résolution de problème afin de comprendre les causes des performances et d'engager les actions les plus adaptées.

Banque de Bel air – Carte de contrôle qualité

Projet : Reengineering du processus de traitement des courriers clients | Date : 28/02/08

Thème : Évaluation des délais de traitement d'un échantillon de 100 lettres sur les 15 premiers jours du mois de février 2008 (Norme : 3 jours ouvrables)

Analyste : M. Antoine, Organisateur

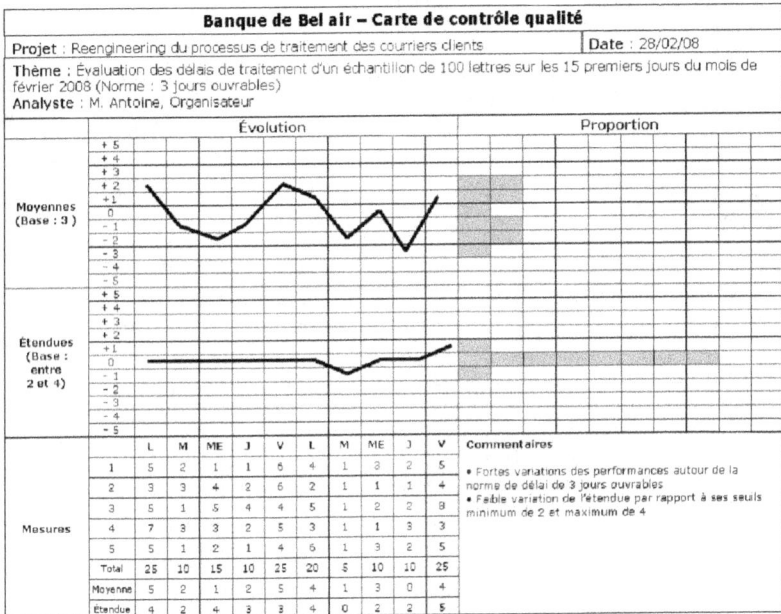

Mesures	L	M	ME	J	V	L	M	ME	J	V	Commentaires
1	5	2	1	1	6	4	1	3	2	5	• Fortes variations des performances autour de la norme de délai de 3 jours ouvrables
2	3	3	4	2	6	2	1	1	1	4	• Faible variation de l'étendue par rapport à ses seuils minimum de 2 et maximum de 4
3	5	1	5	4	4	5	1	2	2	8	
4	7	3	3	2	5	3	1	1	3	3	
5	5	1	2	1	4	6	1	3	2	5	
Total	25	10	15	10	25	20	5	10	10	25	
Moyenne	5	2	1	2	5	4	1	3	0	4	
Étendue	4	2	4	3	3	4	0	2	2	5	

Exemple de carte de contrôle qualité projet de réingénierie de processus.

Outil – Livrable : relevé de non-conformité

Ce relevé ou fiche de non-conformité permet d'établir le suivi formel ou la traçabilité d'une non-conformité (réelle ou potentielle) au sein d'une activité jusqu'à son éradication ou sa prévention (résultat attendu). Elle donne lieu de la part de son émetteur à la mise en œuvre d'une demande d'action corrective ou préventive auprès de la personne (ou du groupe de personnes) compétente.

Elle s'utilise de la façon suivante :

• Centraliser les fiches auprès du responsable qualité afin de constituer une bibliothèque servant de base de référence, d'échange et d'expérience.

• Réaliser une communication et un feed-back réguliers (en particulier sur les réussites) auprès des acteurs pour promouvoir l'utilisation de cette fiche.

• Réaliser une communication générale, pour une utilisation efficace et par le plus grand nombre, des relevés de non-conformité (raison d'être, objectif, modalités d'utilisation) auprès de l'organisation.

• Faire en sorte que chaque collaborateur soit capable de l'utiliser pour établir le constat formel d'une non-conformité réelle ou potentielle. Cette fiche concerne les non-conformités internes (dysfonctionnement sur un processus interne, erreurs, doublons, etc.) et externes (réclamations client, non-qualité d'une prestation). Chaque fiche ne traite que d'une seule non-conformité.

• Faire valider les fiches par le supérieur hiérarchique qui l'adresse au destinataire concerné et compétent pour traitement.

• Faire gérer par chaque service la séquence des fiches ainsi émises (code service + numéro de chrono).

• Transmettre cette fiche en copie au responsable qualité. Ce dernier a pour rôle de centraliser, mettre à jour et suivre (relance) les fiches de non-conformité ainsi enregistrées et les actions correctives ou préventives correspondantes mises en œuvre. Il apporte également un feed-back sur l'évolution du traitement de la non-conformité et son résultat au(x) service(s) concerné(s).

Les informations apportées sur chaque fiche suivent la chronologie suivante :

– service : service dont dépend l'émetteur ;

– nom : émetteur de la fiche ;

– destinataire : service ou personne compétent pour le traitement de la non-conformité ;

– visa : émetteur et responsable hiérarchique ;

– date : émission de la fiche ;

– non-conformité identifiée : définition en termes d'exigence non respectée ou manquante ;

– causes, origines et conséquences : le cas échéant enjeu financier ;

– action(s) corrective(s) ou préventive(s) envisagée(s) et plan d'action associé ;

– validation du résultat : clôture du traitement de la non-conformité.

Outil – Livrable : bilan de projet

Le bilan de projet présente l'ensemble des coûts et des gains du projet pour dégager sa valeur ajoutée qualitative et financière. Il permet de :

– vérifier l'atteinte des objectifs ;

– prendre du recul sur le projet et d'en tirer un retour d'expérience sur les difficultés rencontrées, les échecs et les succès obtenus.

Globalement, le bilan de projet porte sur une comparaison entre :

– les objectifs prévus et les résultats observés ;

– les moyens prévus et effectivement consommés ;

– la date de mise en œuvre et initialement prévue.

Il s'utilise de la façon suivante :

• Réalisation du bilan

Choisir les indicateurs qui permettent de mesurer les résultats concrets du projet à la fois sur le plan des objectifs à atteindre et des moyens dépensés pour atteindre ces objectifs :

– définir les indicateurs représentatifs de l'axe optimisé ;

– évaluer la valeur des indicateurs avant et après le projet (chiffre d'affaires, volume, parts de marché, anomalies, réclamations, rejets, rectifications, etc.) ;

– chiffrer les moyens investis pour obtenir les résultats (en délai et en budget) ;

– exemples de questions à se poser : quelle quantité de travail a-t-on réalisée ? En combien de temps ? À quel prix ? Que reste-t-il à faire ? Avec quelle estimation de durée ? Pour quel montant ?

• Exploitation du bilan (capitalisation des expériences) :

– performances individuelles et collectives ;

– qualité du fonctionnement relationnel et comportements des acteurs ;

– évolution et enrichissement des compétences.

PARTIE 3

APPLICATION DE LA DÉMARCHE AUX DIFFÉRENTS PROCESSUS SUPPORT D'UN PROJET

« Nous n'héritons pas de la terre de nos parents, nous l'empruntons à nos enfants. »

Antoine de Saint-Exupéry

Tout projet est connecté à huit processus caractéristiques, dont celui de gestion des risques, particulièrement développé dans le présent ouvrage.

Processus 1 – Management et coordination du projet

Processus 2 – Gestion du contenu

Processus 3 : Gestion des délais

Processus 4 : Gestion des coûts

Processus 5 : Gestion de la qualité

Processus 6 : Gestion des ressources humaines

Processus 7 : Conduite du changement et communication

Processus 8 : Gestion des prestataires et des approvisionnements

Chaque processus est porteur de risques caractéristiques, néanmoins selon des intensités différentes en fonction du type de projet.

Management et coordination du projet

« Dieu ne nous demande pas de réussir, seulement d'essayer. »

Mère Teresa

Carte du Mali

Le soutien aux activités économiques villageoises, Mali[1]

Le Mali appartient aux pays les plus pauvres de la planète. Les activités agricoles traditionnelles ne permettent plus aujourd'hui aux populations des communes de Sanankoroba, Bougoula et Dialakoroba de subsister. La coupe de bois de chauffe, destiné au marché urbain de Bamako, constitue aujourd'hui la principale source de revenu d'une large part des habitants des trois communes. Cette activité prend des proportions considérables en saison sèche, lorsque les travaux agricoles sont terminés et que la population se retrouve sans possibilité de s'investir dans d'autres activités rémunératrices : cela intensifie le phénomène de désertification. Une fois déclenché, ce phénomène est un cercle vicieux. Les activités identifiées sont la production de beurre de karité[2], le développement des cultures irriguées et l'élevage. Le choix de ces actions a été effectué sur la base d'une série d'entretiens avec les populations, les organisations villageoises et les conseils communaux. Ainsi, le projet s'inscrit dans une démarche participative ; il est porté par les bénéficiaires qui sont acteurs de leur développement. Le projet s'appuie sur l'association de développement local Ben Ba, qui regroupe les soixante organisations villageoises des trois communes. Ben Ba est compétente et autonome pour soutenir les activités économiques contribuant au développement local. Ce partenaire traditionnel de SOS Sahel intervient sur la zone depuis une vingtaine d'années. Au-delà des revenus qui seront générés, le développement de nouvelles activités permettra la préservation des ressources naturelles et la réduction de la pénibilité du travail. Le projet bénéficiera avant tout aux femmes et aux jeunes hommes, groupes socio-économiques qui connaissent les situations les plus précaires et qui s'investissent massivement dans la coupe du bois, activité pénible, mais ne demandant aucun investissement initial. Les projets des bénéficiaires seront sélectionnés sur la base de leur qualité et de leur éligibilité par les comités villageois. Les objectifs à atteindre par ce projet lancé en janvier 2006 pour trois ans et un budget de 331 000 euros financé par l'Union européenne, Kinder in Not, Développement et Finances et Phi Trust, sont :

– le renforcement des organisations villageoises ;

– l'amélioration des conditions de vie des femmes ;

---

1. Source : www.sossahel.org.
2. Extrait du fruit du karité consommé dans la cuisine traditionnelle, utilisé dans l'industrie du chocolat comme substitut au beurre de cacao et dans la composition de nombreux cosmétiques.

– la diversification des activités économiques ;

– l'appui à des filières contribuant à l'intégration économique nationale.

• Risques majeurs du projet Ben Ba :

Risque de résistance au changement : coupe du bois en vue d'un revenu ; nécessité d'adapter le cadre institutionnel (code forestier, application de la réglementation).

Risque d'appropriation : manque d'attrait pour la filière « beurre de karité » si absence de mesure d'accompagnement pour la commercialisation.

• Dispositif de Maîtrise des Risques du projet Ben Ba :

– un pilotage rigoureux ;

– une appropriation du projet par les populations concernées ;

– des compétences locales de qualité ;

– une capitalisation sur les succès ;

– une approche « filière » ;

– un travail en partenariat avec les associations villageoises existantes, véritables copilotes du projet ;

– la création de coopératives productrices de beurre de karité.

Le processus « management et coordination de projet » correspond au pilotage des diverses composantes du projet en assumant les fonctions de planification, d'exécution du projet et de contrôle du changement, conformément à des normes de qualité pour établir un équilibre entre la durée, le coût et la qualité du projet.

Ce processus constitue le point central de cet ouvrage ainsi que le processus passerelle avec la fonction « pilotage du portefeuille de projets » de l'ensemble des projets de l'entreprise. En effet, il est rare qu'une entreprise ait un seul projet. Le plus souvent, plusieurs projets se déroulent en parallèle, ce qui n'est pas sans causer des problèmes d'adhérence entre eux et de gestion des ressources critiques. Ce sont souvent les mêmes personnes qui sont sollicitées dans la plupart des projets et ces dernières ont généralement une fonction hiérarchique à exercer également.

La fonction « pilotage du portefeuille de projets » de l'entreprise : deux missions transversales à tous les projets

Mission 1 : sélection des projets

Phase stratégique de la planification du portefeuille des projets, elle consiste à réaliser les actions suivantes :

- détermination de l'enveloppe annuelle consacrée aux projets ;
- recensement des idées de nouveaux projets ;
- segmentation des projets (stratégique, techniques, business, réglementaire) ;
- étude de leur opportunité et faisabilité ;
- hiérarchisation des projets selon des critères partagés ;
- sélection des projets (décision de go/no go).

Mission 2 : consolidation du portefeuille de projets

Phase opérationnelle de la planification, elle consiste à réaliser les actions suivantes :

- Consolidation hebdomadaire des éléments clés des projets en termes de :
  - consommation de ressources ;
  - avancement des travaux ;
  - reste à faire ;
  - risques.
- Macro-planification mensuelle de l'ensemble des projets avec mise en évidence des liens de séquentialité et des adhérences entre projets ;
- Révision mensuelle et trimestrielle des budgets des projets ;
- Reporting au comité stratégique.

PROCESSUS « MANAGEMENT ET COORDINATION DE PROJET » : TROIS MISSIONS

Mission 1 : pilotage du projet

Par pilotage de projet, il faut entendre le pilotage de l'avancement des travaux en regard des objectifs et du planning général du projet et de l'échéance ; le suivi de la consommation des budgets en regard de ce qui a été décidé au début du projet ; enfin, les éventuels arbitrages entre les objectifs (le périmètre), les ressources et les délais.

Les outils de pilotage à utiliser sont :

- le tableau de bord de projet ;
- la méthode PERT ;
- le planning de Gantt ;
- le portefeuille de risques ;
- le tableau des sollicités ;
- le rapport flash ;
- la fiche de relevé de décision.

	Étude	Initialisation	Conception	Réalisation	Mise en œuvre	Exploitation
Instances						
Comité Stratégique	D / V	I	I	I	I	
Comité de Pilotage		D	D	D	D	
Comité de Projet		C	C	C	C	
Cellule de Planification stratégique	P	I	I	I	I	I
Acteurs du projet						
Sponsor	S	S	S	S	S	
Chef de projet	C / R / V	C / R / V	C / R / V	C / R / V	C / R / V	C / R / V
Secrétariat de projet		R	R	R	R	R
Équipe Étude & Projet	R	R	R	R	R	R
Responsable de chantier		C / R / V	C / R / V	C / R / V	C / R / V	
Responsable de filière		C / R / V	C / R / V	C / R / V	C / R / V	
Experts	P	P	P	P	P	
Sollicités	P	P	P	P	P	
Personnes externes au projet						
Auditeur	R	R	R	R	R	R

S : Financer ; Sponsoriser
D : Décider ; Arbitrer
V : Valider
C : Coordonner
R : Prendre en charge un lot de travail
P : Participer ponctuellement (à titre d'expert)
I : Être informé

Exemple de présentation des rôles des acteurs d'un projet – Démarche générale de conduite de projet DSI bancaire

Mission 2 : suivi des travaux

Le travail à réaliser n'est pas qu'un simple suivi. Pendant toute la durée du projet, le chef de projet a un important travail de pilotage et de coordination des travaux, des ressources et des délais à réaliser. Il utilise pour ce faire des outils tels que la méthode PERT, le planning de Gantt et le tableau du bord.

En effet, la méthode PERT permet de déterminer dans quel ordre doivent être conduites les différentes tâches. Le planning de Gantt, lui, permet de connaître l'état d'avancement des travaux, et plus précisément de mettre en évidence tâche par tâche, les ressources consommées, restant à consommer et les dépassements. Quant au tableau de bord, constitué d'un ensemble d'indicateurs, il permet de contrôler (au sens anglo-saxon « *to control* » : maîtriser) le déroulement du projet.

Mission 3 : reporting aux instances

Le reporting aux instances doit se faire dans le cadre d'un calendrier précis qui va rythmer l'avancement du projet. Le reporting au sponsor s'effectue par le chef de projet dans le cadre de rendez-vous. À cette occasion, le chef de projet rend compte de l'avancement des travaux et attire l'attention du sponsor sur les difficultés de son niveau de responsabilité. Le reporting au comité projet et au comité de pilotage s'effectue dans le cadre de réunions auxquelles participent les membres desdits comités. Le reporting aux instances donne lieu à un formalisme documentaire : dossier préparatoire, tableau de bord, fiches de décision, dossiers techniques, etc.

Tableau de bord Projet conformité / Période du 26 au 30 Septembre 2005		

Synthèse D'avancement — **Problèmes rencontrés**

Redaction des fiches

	Total		BCO		BFI		ASS		PILS	
	Nb	%	Nb	%	Nb	%	Nb	%	Nb	%
Rédigées										
Relues										
Validées										
A publier										

Néant

Avancement/lot	Avanct	Ech		Avancement/lot	Avanct	Ech
Lot2	0%	18/12/2006		Lot5		18/12/2006
Lot3	0%	18/12/2006		Lo6		30/10/2006
Lot4	0%	24/07/2006		Lo7		18/12/2006

Risques liés au projet

Risques	Situation	Tendance

Décisions à prendre
Validation du Plan de management de projet

Faits marquants période passée
31/03 Validation opérationnelle des processus (BCO) : Livret

Faits marquants période à venir
14/04 : Réunion Direction des risques opérationnels

Exemple de reporting aux instances –
Projet réglementaire banque commerciale

Voici les risques spécifiques au management/coordination du projet
et le DMR correspondant :

Risques	DMR
Risques liés à l'intégration du projet	
Non-intégration du projet dans le portefeuille de projets.	Fonction centrale de pilotage du portefeuille des projets de l'entreprise.
Non-alignement du projet sur les objectifs de l'entreprise.	Démarche de conduite de projet incluant le passage du projet dans un comité stratégique après phase d'étude et avant la phase de lancement.
Risques spécifiques à l'élaboration du PMP	
Inexistence d'un PMP.	Démarche de conduite de projet incluant l'obligation de détermination d'un PMP pour tout projet transversal à forts enjeux stratégiques.
PMP ne définissant pas une organisation permettant de suivre l'évolution des différents domaines suivants : contenu/ planning/budget/qualité/RH/ approvisionnement/risque/conduite du changement.	Dispositif de contrôle qualité.
Absence de consultation de toutes les directions métiers concernées par la rédaction du PMP.	Dispositif de contrôle qualité. .../...

Absence de validation du PMP par les instances de décision.	Démarche de conduite de projet précisant la validation du PMP.
Absence de transmission du PMP à chaque acteur et direction métier concernés.	Plan de communication
Absence d'identification des interactions possibles entre le projet et les autres projets en cours ou à venir dans l'entreprise.	Fonction centrale de pilotage du portefeuille des projets de l'entreprise.
Absence de définition des critères d'évaluation de la rentabilité attendue du projet.	Démarche de conduite de projet présentant des critères d'évaluation de l'opportunité d'un projet.
Risques spécifiques au système de pilotage	
Système de pilotage (procédures, outils, etc.) ne couvrant pas les domaines évoqués suivant : contenu/planning/budget/ qualité/RH/approvisionnement/risque/ conduite du changement.	Démarche de conduite de projet précisant le périmètre du pilotage de projet.
Personnes en charge du pilotage du projet ne disposant pas de l'expérience et des compétences nécessaires (capacité de négociation, de communication, de leadership) à cette fonction.	Dispositif de retour d'expérience avec *business cases*.
Absence de mise à disposition des équipes projet des modèles d'outils pour le pilotage.	Site Intranet.
Absence d'audits du projet permettant de s'assurer que les informations fournies par le pilotage correspondent à la réalité terrain.	Dispositif de contrôle qualité.
Existence de décisions liées au pilotage du projet prises en dehors des instances.	Démarche de conduite de projet précisant les règles du jeu en matière de prise de décision, notamment le rôle des instances : comité stratégique, comité de pilotage, comité projet, comités techniques, etc.
Absence d'une ressource responsable de la logistique du projet (salles, téléphones, ordinateurs, etc.).	Démarche de conduite de projet précisant les fonctions devant être assurée dans le cadre de tout projet.
Prise de connaissance par les membres du comité de pilotage des dossiers en séance.	Planning des comités de pilotage incluant les dates de diffusion des dossiers.
Absence de déminage des options politiques.	Stratégie de conduite du changement
Absence de comptes rendus formels des comités de projet et de pilotage.	Démarche de conduite de projet incluant les modèles types de compte rendu des instances de pilotage.
Absence de recadrage du projet par le bon niveau de pilotage du projet (chef de projet, comité de pilotage, sponsor, direction générale).	Planning des instances avec ordre du jour et décisions à prendre.

.../...

Risques spécifiques à l'actualisation du PMP	
Absence de mise à jour régulière du PMP.	Planning de revue du PMP.
Absence de diffusion systématique du PMP à l'ensemble des acteurs concernés après chaque mise à jour.	Plan de communication.
Absence de prise en compte lors de chaque mise à jour des interdépendances entre domaines.	Fonction centrale de pilotage du portefeuille des projets de l'entreprise.

En plus de l'utilisation d'outils spécifiques au processus, l'efficacité du processus « management et coordination de projet » passe par l'utilisation d'outils et de livrables de gestion de projet et de pilotage des risques.

Processus 2

Gestion du contenu

« Vérité en deçà des Pyrénées, erreur au-delà. »

Blaise Pascal (Pensées)

La construction de la pyramide de Khéops, Égypte (suite)

- Le mètre étalon

Le mètre est la dix millionième partie du quart du méridien terrestre. Mais le méridien n'étant pas lui-même une mesure fixe, l'unité de mesure basée sur lui n'a donc astronomiquement aucune valeur... Dés 1841, on se rendit compte que notre mètre étalon n'avait en fait que 999 millimètres huit dixièmes, de sorte que le Bureau Central des Poids et Mesures s'est longtemps servi lui-même d'un mètre erroné... Ce n'est que récemment que les astronomes songèrent à l'axe terrestre, dont la valeur ne change qu'au bout de plusieurs millions d'années, ce qui en ferait l'étalon idéal. Après beaucoup d'estimations, on en arrive actuellement à une longueur du rayon polaire estimée à 6356700 mètres. Les Égyptiens utilisaient les coudées sacrées et les pouces pyramidaux comme unités de mesure (notons au passage que la différence entre le pouce pyramidal et le pouce anglais n'est que de 11/10 000 et que l'équivalence était encore parfaite du temps de la reine Elizabeth). Ce qui est troublant, c'est que la valeur du rayon polaire est à la base même de la construction de la pyramide puisque l'unité de mesure utilisée était la coudée pyramidale, égale à 0,635660. Multipliée par dix millions, la coudée pyramidale correspond exactement au rayon polaire de la Terre il y a 4000 ans, soit 637670 kilomètres, d'où une précision d'un centième de millimètre prés !

• Risque majeur de la construction de la pyramide de Khéops :

Risque humain : apprendre à utiliser de nouveaux outils et méthodes de travail à des milliers d'ouvriers incultes et répartis sur de nombreux sites.

• Dispositif de Maîtrise des Risques de la construction de pyramide de Khéops :

– encadrement des équipes par une maîtrise expérimentée.

– formation en situation de travail favorisant la démultiplication des compétences.

Le processus « gestion du contenu » permet de décrire la solution cible, d'identifier et de réceptionner les livrables, enfin de gérer les changements de contenu et de périmètre. Les outils de gestion du contenu à utiliser sont décrits dans le PMP et/ou dans le PACQ.

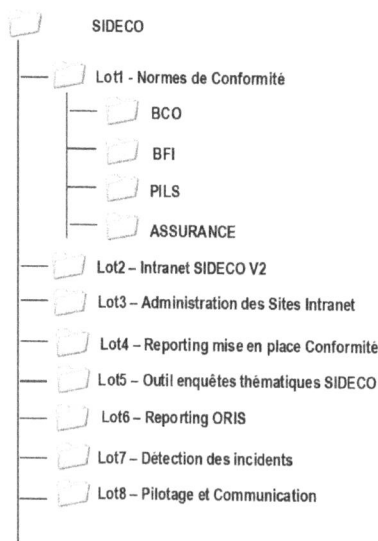

```
        SIDECO

──── Lot1 - Normes de Conformité
        ──── BCO
        ──── BFI
        ──── PILS
        ──── ASSURANCE
──── Lot2 – Intranet SIDECO V2
──── Lot3 – Administration des Sites Intranet
──── Lot4 – Reporting mise en place Conformité
──── Lot5 – Outil enquêtes thématiques SIDECO
──── Lot6 – Reporting ORIS
──── Lot7 – Détection des incidents
──── Lot8 – Pilotage et Communication
```

Exemple d'arborescence partagée des documents d'un projet – Projet réglementaire banque commerciale

TOUS les documents (formats Word, Excel, PowerPoint,...) doivent être nommés de la manière suivante :

<Filière> - <Type de document> - <Etat> - <Version> - <intitulé>.<ext>

1- Le nom de la filière qui a produit le document
- ✓ PILS — -> PILS
- ✓ Assurance — -> ASS
- ✓ BOC — -> BOC
- ✓ BFI — -> BFI
- ✓ Gestion de projet — -> GP
- ✓ Communication projet — -> COM

2- Le type du document
- ✓ Modèle d'imprimé — -> MOD
- ✓ Compte rendu — -> CR
- ✓ Fiche — -> FCH
- ✓ Tableau de bord — -> TBL
- ✓ Cahier des charges — -> CDC
- ✓ Ordre du jour — -> ODJ
- ✓ Cadrage — -> CAD

3- L'état du document
- ✓ En rédaction — -> VR
- ✓ En qualification — -> VQ
- ✓ En validation opérationnelle — -> VO
- ✓ En validation DDCG — -> VV
- ✓ A publier — -> VP

4. La version du document sur 2 chiffres X.Y :
- X est l'indice de version : Il est initialisé à 1 lors de la création du document. Il est incrémenté de 1 après chaque modification majeure du document
- Y est l'indice de révision : il est incrémenté de 1 après chaque modification mineure du document

5- Son intitulé : Nom en clair du document sur 32 caractères maximum

Exemple de fiche : ASS-FCH-VQ-1.2-construction.xls

Exemple de référencement des documents d'un projet – Projet réglementaire banque commerciale

Voici les risques spécifiques à la gestion du contenu et le DMR correspondant :

Risques	DMR
Risques spécifiques à la description de la solution cible	
Absence de cahier des charges rédigé.	Démarche de conduite de projet incluant un plan type de cahier des charges.
Non-prise en compte des contraintes liées à la mise en œuvre de la solution.	Dispositif d'accompagnement du changement.
Absence de formalisation dans un document des contraintes dans lesquelles s'inscrivent le ou les projets au niveau des différentes parties prenantes	Plan de Management de Projet.
Absence d'inventaire dans un document des limites fonctionnelles et techniques du système cible.	Cahier des charges fonctionnel.
Absence de validation de la solution cible par l'ensemble des parties prenantes.	Dossier de décision validé par une instance de pilotage du projet. .../...

Risques spécifiques au lancement du projet	
Absence d'organisation d'une réunion de lancement avec toutes les équipes projet.	Plan de communication.
Absence d'organisation d'une réunion de lancement avec les directions métier.	Plan de communication.
Risques spécifiques à l'identification des chantiers	
Absence de découpage du projet en chantiers.	Plan de Management de Projet.
Absence d'identification avec les filières métier impactées et la charge de travail associée.	Plan de Management de Projet.
Absence de validation par le sponsor du découpage et des charges du projet et des filières.	Instances de pilotage du projet.
Absence de validation avec les directions métier des charges de travail estimées sur chaque chantier.	Plan de Management de Projet.
Risques spécifiques à l'identification des livrables	
Absence d'identification et de définition des livrables du système cible.	Cahier des charges
Absence d'identification et de définition des livrables pour chaque chantier.	Plan de Management de Projet.
Absence d'identification et de définition des livrables des prestataires externes pour chaque chantier.	Plan de Management de Projet.
Absence de validation par l'ensemble des acteurs concernés de la liste des livrables identifiés.	Instances de pilotage du projet.
Risques spécifiques à la réception des livrables (à distinguer des processus liés à la qualité)	
Absence de réception du livrable cible selon un processus formalisé.	Démarche de conduite de projet incluant les modalités de réception/qualification du livrable cible.
Absence de formalisation des livrables du projet.	Dispositif d'assurance qualité.
Absence de formalisation de la réception des livrables des prestataires.	Démarche de conduite de projet incluant les modalités de réception des livrables des prestataires.

.../...

Risques spécifiques à l'évolution du contenu/périmètre du projet	
Inexistence d'un processus formalisé de gestion de contenu et d'évolution de périmètre.	Démarche de conduite de projet incluant les modalités de gestion de contenu et d'évolution du périmètre.
Absence de validation en instance des évolutions de contenu du projet.	Instances de pilotage du projet.
Absence, en cas de proposition d'évolution de contenu, de réévaluation de toutes les contraintes et limites dans le dossier « pour décision ».	Instances de pilotage du projet.
Absence, en cas de proposition d'évolution de contenu, des conséquences induites sur les autres domaines du projet (coût, délais, qualité, ressources, etc.), de recensement dans le dossier « pour décision ».	Instances de pilotage du projet.
Absence, en cas de proposition d'évolution de contenu, d'analyse des avantages attendus sur le plan quantitatif et qualitatif dans le dossier « pour décision ».	Instances de pilotage du projet.

En plus de l'utilisation d'outils spécifiques au processus, l'efficacité du processus « gestion du contenu » passe par l'utilisation d'outils et de livrables de gestion de projet et de pilotage des risques.

Processus 3

Gestion des délais

« À cœur vaillant, rien d'impossible. »

Proverbe

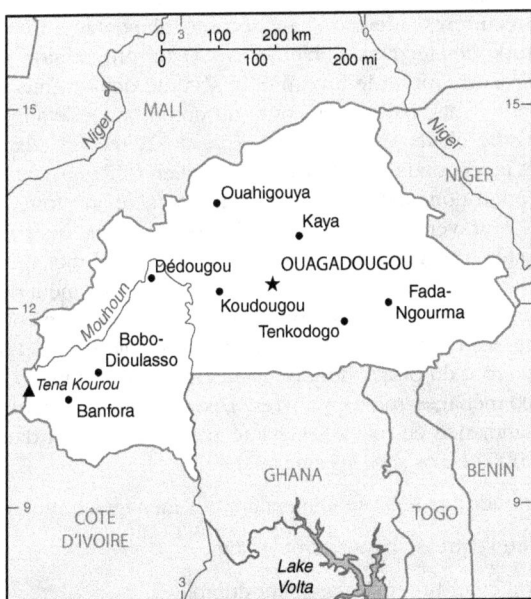

Carte du Burkina Faso

Le programme de sécurité alimentaire dans quatre régions, Burkina Faso[1]

Le Burkina Faso est classé parmi les pays les moins avancés économiquement. Les inondations de la campagne agricole de 2007 ont causé de lourds dégâts. Une situation alimentaire difficile consécutive ainsi que l'arrêt précoce des pluies dans différentes régions du Burkina Faso ont gravement marginalisé la population, vivant de l'agriculture à plus de 80 %. Combinées à la hausse des prix généralisée que l'on constate depuis la fin 2007, ces difficultés risquent de mener à de réels problèmes d'accès aux denrées alimentaires et aussi de reconstitution des moyens de production (périmètres irrigués, canaux, ouvrages d'art, retenues d'eau, etc.) et de relance d'activités agricoles dans les zones concernées. Ce projet s'inscrit dans une démarche d'appui au développement local. Le Burkina Faso vient de passer à la communalisation intégrale avec la mise en place des communes rurales et/ou urbaines. Dans le cadre de cette récente décentralisation, l'action repose sur un partenariat direct avec les Comités Villageois de Développement déjà existants, les conseillers et les maires des communes ciblées, dont les compétences institutionnelles seront renforcées dans le cadre de ce projet. Les habitants de quatre régions : Régions des Hauts Bassins, des Cascades, du Sud-Ouest et de la Boucle du Mouhoun souffrent de maux récurrents affectant leur sécurité alimentaire (inondations, incertitude des récoltes, faible accès à l'eau, progression alarmante de la désertification), le niveau et la sécurité des revenus (faiblesse des rendements, baisse des cours du coton, surendettement, analphabétisme élevé, vente systématique de la récolte aux plus bas prix) et leurs conditions de vie au quotidien (faible accès à la santé et à l'éducation, alimentation en eau potable aléatoire, enclavement). À travers le soutien de 25 organisations de base et de 50 comités de gestion de points d'eau, 9 500 ménages ruraux pauvres bénéficieront d'un appui visant au renforcement de la sécurité alimentaire et du développement d'un environnement durable. À terme, les populations de quatre régions, soit 3 090 000 habitants, bénéficieront du projet, dont directement 66 500 hommes et femmes de 9 500 ménages ruraux pauvres. Les objectifs du projet sur trois ans, commencé en mai 2008, piloté par SOS Sahel et d'un budget de 1 100 000 euros sont les suivants :

– contribuer à la sécurité alimentaire des ménages ruraux pauvres ;

– réduire l'extrême pauvreté et la faim ;

– aider à créer un environnement durable ;

---

1. Source : www.sossahel.org.

– renforcer les capacités des organisations locales ;

– relancer la production agricole et réhabiliter les infrastructures socio-économiques.

● Risques majeurs du programme de sécurité alimentaire :

Risque humain : importance numérique de la population concernée par le projet.

Risque de coordination : diversité des travaux à réaliser mettant en action des compétences extrêmement variées.

Risque de délai : nécessité d'adapter le calendrier d'action et le dispositif projet pour obtenir un effet rapide (réhabiliter les ouvrages d'eau potable, résoudre d'urgence la situation de pénurie alimentaire) tout en s'assurant de prendre dès le démarrage de l'action la précaution d'atteindre une réelle amélioration des conditions de vie des populations à plus long terme (bonne gestion et entretien des points d'eau, pérennité des équipements de production).

● Dispositif de Maîtrise des Risques du programme de sécurité alimentaire :

– un pilotage rigoureux ;

– une appropriation du projet par les populations concernées ;

– des compétences locales de qualité.

Le processus « gestion des délais » correspond à la définition, au contrôle et à l'ajustement des plannings et ce afin que le projet s'achève en temps et en heure. Ceci est d'autant plus important pour les projets pour lesquels la date de fin est la contrainte numéro un à respecter, par exemple avec les projets « Passage à l'an 2000 » ou encore « Passage à l'euro ». Dans ce cas, le pilotage par les délais se traduit en termes de décision par des arbitrages en faveur du respect des délais, au détriment parfois de la qualité du livrable final ou des moyens financiers nécessaires pour y parvenir.

Dans le cas de la mise en œuvre d'une application informatique par exemple, il sera accepté des régressions fonctionnelles avec mise en œuvre de mesures de contournement afin de déployer la solution dans le bon timing.

Voici les risques spécifiques à la gestion des délais et le DMR correspondant :

Risques	DMR
Risques spécifiques à l'élaboration du macro-planning du projet	
Absence d'un macro-planning du projet par chantier.	Plan de Management de Projet.
Absence d'identification des principaux jalons du projet.	Plan de Management de Projet.
Absence de validation du macro-planning par les instances de pilotage.	Démarche de conduite de projet incluant l'obligation de validation du PMP par les instances de pilotage.
Absence de prise en compte dans les plannings des congés et formation des parties prenantes.	Dispositif de gestion des sollicités.
Absence de marge de sécurité dans le macro-planning.	Estimation des temps réalisée à l'aide d'abaques.
Absence de prise en compte dans le macro-planning des interactions et interdépendances avec les autres projets de l'entreprise.	Fonction centrale de pilotage du portefeuille de projets de l'entreprise.
Absence d'estimation de la durée des chantiers par des personnes expérimentées.	Estimation des temps réalisée à l'aide d'abaques.
Absence de métrique pour estimer les charges des tâches.	Estimation des temps réalisée à l'aide d'abaques.
Risques spécifiques au suivi du macro-planning du projet	
Absence de formalisation et validation du processus de suivi du macro-planning par les parties prenantes.	Dispositif de pilotage du projet.
Absence d'un suivi suffisamment précis (consommé, reste à faire, reste à consommer) et adapté aux échéances du projet.	Dispositif de pilotage de projet.
Absence d'action corrective en cas de dépassement de délai.	Dispositif de contrôle qualité.
Absence d'un processus de revue périodique du planning par les différentes parties prenantes.	Dispositif de contrôle qualité.
Absence de validation des modifications du macro-planning par les instances de pilotage.	Dispositif de contrôle qualité.

.../...

Risques spécifiques à l'élaboration des plannings des chantiers	
Absence de planning par chantier.	Plan de Management de Projet.
Absence d'identification des principaux jalons des chantiers.	Plan de Management de Projet.
Absence de validation des plannings par le chef de projet et les parties prenantes.	Dispositif de contrôle qualité.
Absence de prise en compte dans les plannings des congés et formations des parties prenantes.	Dispositif de contrôle qualité.
Absence de marge de sécurité dans les plannings.	Estimation des temps réalisée à l'aide d'abaques.
Absence de prise en compte dans les plannings des interactions et interdépendances avec les autres chantiers et parties prenantes.	Fonction centrale de pilotage du portefeuille de projets de l'entreprise.
Absence d'un planning détaillé pour les tâches à court terme.	Dispositif de pilotage de projet.
Risques spécifiques au suivi des plannings des chantiers	
Absence de formalisation/validation du processus de suivi des plannings des chantiers par les parties prenantes.	Démarche de conduite de projet incluant les supports de suivi des plannings des chantiers.
Absence d'un suivi des plannings suffisamment précis (consommé, reste à faire, reste à consommer) adapté aux échéances des chantiers du projet.	Outil de suivi des plannings.
Absence d'action corrective dans le cas de dépassement de délai lié à une anomalie.	Dispositif de contrôle qualité.
Absence de processus de revue périodique des plannings entre les différentes parties prenantes.	Dispositif de pilotage de projet.
Absence de validation systématique des modifications des plannings par les instances de pilotage.	Dispositif de contrôle qualité.

En plus de l'utilisation d'outils spécifiques au processus, l'efficacité du processus « gestion des délais » passe par l'utilisation d'outils et de livrables de gestion de projet et de pilotage des risques.

Processus 4

Gestion des coûts

« Aux grands maux, les grands remèdes. »

Proverbe.

Le Projet Manhattan, États-Unis

Le 2 septembre 1945, le Japon capitulait, mettant officiellement fin à la Seconde Guerre mondiale. Cette capitulation fut rendue possible après le largage des deux premières bombes atomiques utilisées en temps de guerre depuis l'histoire de l'Humanité : la première à uranium (Little Boy) sur Hiroshima le 6 août 1945 et la seconde au plutonium (Fat man) sur Nagasaki le 9 août 1945. Ces deux bombes sont le fruit de l'un des projets les plus secrets de l'histoire militaire américaine : le projet Manhattan, lancé en 1942 suite à une lettre d'Albert Einstein au président américain Franklin Delano Roosevelt selon laquelle l'Allemagne nazie travaillait à un projet équivalent. Ce projet permit de concevoir et de fabriquer la première bombe au plutonium (Gadget), testée le 16 juillet 1945 dans le désert près d'Alamogordo, dans l'État du Nouveau-Mexique. Ce projet fut confié la direction du physicien Robert Oppenheimer et du général Leslie Groves et associa de nombreux chercheurs américains. Au total, plus de 130 000 personnes ont participé au projet, réparties sur trente sites et trois cités scientifiques, dont l'existence resta secrète jusqu'à la fin de la guerre : Hanford dans l'État de Washington, Los Alamos dans l'État du Nouveau-Mexique et Oak Ridge dans l'État du Tennessee. Le projet coûta près de deux milliards de dollars US au total.

• Risques majeurs du projet Manhattan :

Risque technologique : une technologie naissante à partir de théories mathématiques et physiques.

Risque de coordination : de nombreuses équipes à coordonner sur différents sites et une nécessaire collaboration entre des politiques, des chercheurs, des industriels et des militaires.

Risque de secret défense : un secret absolu demandé à des milliers de personnes.

Risque de financement : un budget colossal.

Risque de délai : un pilotage par les délais pour être opérationnel le plus vite possible.

Risque qualité : une obligation de réussite.

* Dispositif de Maîtrise des Risques du projet Manhattan :
  – une gestion de projet conjointe « armée/recherche » ;
  – une combinaison optimale des meilleurs cerveaux du moment dans les disciplines indispensables ;
  – des ressources illimitées.

Le processus « gestion des coûts » correspond à la définition, au contrôle et à l'ajustement éventuel du budget du projet. Comme pour les projets pilotés par les délais, les projets pilotés par les coûts présentent des spécificités à prendre en compte. Là encore, les arbitrages se feront parfois au détriment de la qualité du livrable final et des délais. Un suivi rigoureux des consommations budgétaire sera effectué qui mettra en relation le « réalisé » et le « consommé ».

Lots	Synthèse budgétaire / Avancement du projet			Tendance d'avancement des travaux
	Consommation	Avancement	Rapport conso/ avancement	
1 – Publication des Normes de Conformité	13 %	10 %	😐	➲
2 – Transcription des Normes dans les procédures ARIS	19 %	20 %	🙂	➲
3 – Modélisation des questionnaires diffusés par la DCSG	11 %	10 %	😐	➲
4 – Mise en place d'un outil d'auto-évaluation dans le GCE	13 %	15 %	🙂	⋒
5 – Mise en place du Datamart de la Conformité	45 %	40 %	😐	➲
6 – Remontée des risques opérationnels de non-conformité	0 %	0 %	😐	⋒
7 – Evolution du site Normes de Conformité V2 (ProPublish)	0 %	0 %	😐	➲
8 – Pilotage / Communication / Expertise	25 %	25 %	😐	➲
TOTAL	**12 %**	**15 %**	🙂	➲

Exemple de suivi budgétaire dans le cadre d'un projet – Projet réglementaire banque commerciale

Planning au 28 avril 2009												
Actions	J	F	M	A	M	J	JT	A	S	O	N	D
Définition organisation cible					▨	▨						
Rédaction des procédures					▨	▨	▨	▨	▨	▨		
Définition dispositif de contrôle cible			▨	▨	▨							
Formalisation des besoins fonctionnels			▨	▨								
Recette					▨	▨						
Choix des personnes retenues			▨	▨								
Audit de la nouvelle organisation								▨	▨			
Légende :		☐ Consommation			▨ Dépassement			▨ Reste à passer				

Exemple de suivi de la consommation des ressources – Projet organisationnel compagnie d'assurance

Voici les risques spécifiques à la gestion des coûts et le DMR correspondant :

Risques	DMR
Risques spécifiques à la planification des ressources	
Absence d'inventaire dans un document des ressources humaines et matérielles nécessaires à la réalisation de chaque chantier.	Plan de Management du Projet.
Absence de validation du document par l'ensemble les parties prenantes.	Dispositif de pilotage.
Absence d'identification/évaluation des besoins en ressources extérieures.	Plan de Management du Projet.
Risques spécifiques à l'estimation des coûts	
Absence de sélection du projet selon des critères prédéfinis de sélection (ROI, etc.).	Démarche de conduite de projet incluant une obligation d'évaluation du retour sur investissement prévisionnel.
Absence de réalisation d'une étude de rentabilité qualitative et quantitative.	Dispositif de contrôle qualité.
Absence d'estimation des coûts par une personne expérimentée.	Estimation des temps réalisée à l'aide d'abaques. ...../...

Absence de validation des coûts par les parties prenantes.	Dispositif de pilotage de projet.
Absence de formalisation des hypothèses d'estimation dans un document.	Démarche de conduite de projet incluant un document de présentation des hypothèses.
Absence de prise en compte du coût complet (investissement et fonctionnement) des scénarios envisagés pour le projet.	Démarche de conduite de projet incluant un document permettant le calcul du coût complet d'un projet.
Absence de prévision d'une marge de manœuvre budgétaire.	Estimation des coûts réalisée à l'aide d'abaques.
Risques spécifiques à la budgétisation	
Absence de valorisation pour chaque chantier des coûts à engager (humains/ matériels) sur le court, moyen, long terme.	Dispositif de contrôle qualité.
Absence de budgétisation pour les tâches à court terme des coûts à engager au niveau de chacune des parties prenantes.	Dispositif de contrôle qualité.
Absence de conservation d'un historique des coûts engagés par chaque partie prenante depuis l'origine du projet.	Dispositif documentaire.
Risques spécifiques à la maîtrise des coûts	
Absence de mise en place d'un processus régulier de suivi des coûts.	Dispositif de pilotage opérationnel de projet.
Absence d'une personne responsable du suivi du budget.	Dispositif de pilotage opérationnel.
Absence de validation systématique des variations de coût en instance avant intégration dans le suivi budgétaire du projet.	Dispositif de contrôle qualité.
Absence d'un suivi des coûts (consommé, reste à faire, solde budgétaire) suffisamment détaillé.	Dispositif de contrôle qualité.
Absence d'un suivi des coûts (consommé, reste à faire, solde budgétaire) selon une fréquence adaptée.	Dispositif de pilotage opérationnel.
Absence de déclenchement d'une action corrective dans le cas d'un dépassement de coût significatif.	Dispositif de pilotage opérationnel.
Absence de mise en place d'un processus de revue régulière du budget avec les parties prenantes.	Dispositif de pilotage opérationnel.

En plus de l'utilisation d'outils spécifiques au processus, l'efficacité du processus « gestion des coûts » passe par l'utilisation d'outils et de livrables de gestion de projet et de pilotage des risques.

Processus 5

Gestion de la qualité

« *Les petits ruisseaux font les grandes rivières.* »

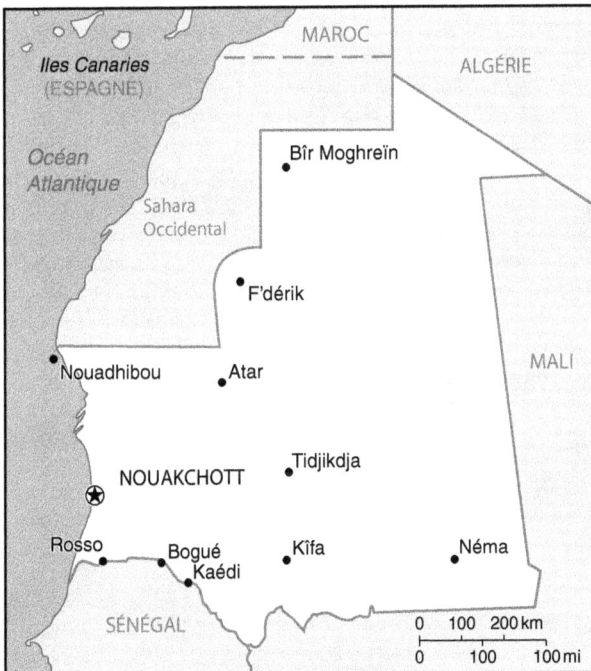

Carte de la Mauritanie

L'accès à l'eau potable dans la localité de Dara, Mauritanie[1]

La Mauritanie a un indice de développement humain faible qui le place au 152e rang sur 177 pays selon le PNUD (Programme des Nations Unies pour le Développement). Le territoire est désertique à 70 % : la sécheresse de plus en plus accablante dans la partie soudano-sahélienne force les populations nomades à se déplacer au sud vers la région du fleuve. Le manque d'infrastructures de santé et de personnel soignant est récurrent dans tout le pays. Le projet s'inscrit dans le programme de l'État « Santé pour tous », qui constitue depuis le début des années 1990 l'un des objectifs prioritaires du pays. Le département de Keur Massène est très enclavé, en particulier pendant l'hivernage, où les pluies rendent son accès impossible. La situation sanitaire est préoccupante. En raison d'un manque de moyens et d'une nappe phréatique salée, les points d'eau potables sont rares. L'eau du fleuve, très polluée, sert d'eau de boisson à la population. Les maladies liées à l'insalubrité de l'eau telles que bilharzioses, schistomiases et diarrhées se propagent. De plus, la rareté et l'éloignement des structures sanitaires aggravent l'état de santé de la population. La situation est critique pendant la saison des pluies où les grandes endémies comme le choléra et le paludisme sévissent. Seulement 20 % des accouchements sont réalisés dans des centres de santé. Dara est essentiellement peuplé d'éleveurs et d'agriculteurs wolof, sédentaires, qui vivent au bord du fleuve Sénégal. Des Maures vivent également dans la région. Les principaux bénéficiaires du projet sont les femmes et les enfants : résidant de manière permanente au village, ils constituent à eux seuls plus de 60 % de la population. Les hommes se sont en effet déplacés vers les grandes villes pour subvenir aux besoins de leur famille. Avec ce projet, les 2000 habitants de la localité de Dara et des trois autres villages environnants auront accès à l'eau potable et au poste de santé. Les objectifs à atteindre avec ce projet démarré en avril 2006 pour une durée de deux ans et un budget de 140000 euros financé par des dons privés, la Fondation Veolia, Kinder In Not, Veolia-Lyon et piloté par SOS Sahel sont :

– favoriser l'accès à l'eau potable ;

– renforcer la couverture sanitaire du département ;

– lutter contre les grandes endémies : paludisme et maladies diarrhéiques.

● Risques majeurs du projet Dara :

Risque de sécurité humain : manque de sécurité physique dans la zone du projet ; population en partie nomade ; croyances religieuses.

---

1. Source : www.sossahel.org.

Risque de conduite du changement : poids des habitudes.

- Dispositif de Maîtrise des Risques du projet Dara :
- – pilotage rigoureux ;
- – appropriation du projet par les populations concernées ;
- – compétences locales de qualité.

Le processus « gestion de la qualité » correspond à la planification, l'assurance et la maîtrise de la qualité. C'est bien entendu l'essentiel du projet : arriver à la réalisation du livrable final du projet, répondant au cahier des charges validé par l'ensemble des acteurs concernés.

LA VALEUR

Dans certains cas, il est utile de prévoir des ajustements « acceptables » par les clients finaux afin de se donner une marge de sécurité. L'utilisation des principes de la démarche de l'analyse de la valeur est très utile à cette fin.

Il est utile en préambule de préciser la notion de « valeur ». Il s'agit d'un jugement porté sur un produit sur la base des attentes et des motivations de l'utilisateur, exprimé par une grandeur qui croît lorsque, toutes choses égales par ailleurs, la satisfaction du besoin de l'utilisateur augmente et/ou la dépense afférente au produit diminue.

Le mot « valeur » peut se comprendre différemment, en fonction de la nature du produit : l'utilité, mesurée par le prix de vente, s'applique aux produits et aux services marchands ; la rareté, mesurée par le prix de vente, s'applique aux ressources naturelles ; et la valeur sociale, mesurée par le coût de fabrication, s'applique aux travaux d'intérêt national.

L'ANALYSE FONCTIONNELLE

Il est utile également de définir la notion d'analyse fonctionnelle, démarche qui consiste à rechercher, ordonner, caractériser, hiérarchiser et/ou valoriser les fonctions. L'analyse fonctionnelle s'applique à la création ou à l'amélioration d'un produit. Elle est dans ce sens l'étape fondamentale de l'analyse de la valeur. Appliquée au seul besoin, elle est la base de l'établissement du cahier des charges fonctionnel.

La réalisation d'une analyse fonctionnelle approfondie permet de préciser les caractéristiques du livrable du projet et les marges d'acceptabilité par les clients. Cette analyse est utile aussi bien dans le cas d'un projet de conception que pour un projet de reconception.

Conception	Reconception
Analyse des fonctions de service du produit. Estimation des coûts et leur analyse par fonctions de service et, le cas échéant, leur confrontation à l'objectif de coût. Validation des besoins et des objectifs.	Analyse des fonctions de service du produit et des fonctions techniques des constituants du produit antérieur. Analyse des coûts et leur répartition entre les diverses fonctions de service, les diverses fonctions techniques, les contraintes et, le cas échéant, leur confrontation à l'objectif de coût. Validation des besoins et des objectifs.

FONCTIONS DE SERVICE ET FONCTIONS TECHNIQUES

L'analyse fonctionnelle consiste tout d'abord à rechercher les fonctions d'un produit ou de l'un de ses constituants en termes de finalité. Elle distingue les fonctions de service et les fonctions techniques.

Fonction de service

Elle désigne une action attendue d'un produit (ou réalisée par lui) pour répondre à un élément du besoin d'un utilisateur donné. Il faut souvent plusieurs fonctions de service pour répondre à un besoin. Les fonctions de service comprennent les fonctions d'usage, qui traduisent la partie rationnelle du besoin : fonction principale et fonctions secondaires (pensez au couteau suisse !), et les fonctions d'estime pour sa partie subjective (très importante dans le cas des produits de luxe).

Fonction technique

Il s'agit d'une action interne au produit (entre ses constituants), choisie par le concepteur-réalisateur, dans le cadre d'une solution, pour assurer les fonctions de service. Une fonction technique répond à un besoin technique ou réglementaire du concepteur-réalisateur et peut être ignorée de l'utilisateur final du produit.

Catégorisation des fonctions

Puis, les fonctions sont ordonnées, caractérisées, hiérarchisées et/ou valorisées :

– Leur ordonnancement vise à classer les fonctions de service logiquement afin d'identifier les relations de dépendance entre elles.

– La caractérisation consiste à énoncer les critères d'appréciation, préciser leurs niveaux et indiquer la flexibilité.

– Leur hiérarchisation permet d'évaluer leur ordre d'importance.

– Leur valorisation (évaluation/pondération) concrétise cet ordre d'importance par l'attribution à chacune d'elles d'un « poids » en valeur absolue ou relative, indépendamment des solutions.

Pour chaque fonction, on détermine :

– Son critère d'appréciation : caractère retenu pour apprécier la manière dont une fonction est remplie ou une contrainte respectée. Pour une même fonction, il y a souvent plusieurs critères d'appréciation de natures différentes (délai, conformité, disponibilité, etc.). Dans la mesure du possible, le critère d'appréciation doit être accompagné d'une échelle permettant d'en situer le niveau.

– Son niveau d'appréciation : grandeur repérée dans l'échelle adoptée pour un critère d'appréciation d'une fonction.

– La flexibilité de chaque niveau : ensemble d'indications exprimées par le demandeur sur les possibilités de moduler le niveau recherché pour un critère d'appréciation.

– Les classes de flexibilité : indication littérale, placée auprès du niveau d'un critère d'appréciation permettant de préciser son degré de négociabilité ou d'impérativité. On distingue quatre classes de flexibilité :

  • nulle : niveau impératif ;

  • faible : niveau peu négociable ;

  • moyenne : niveau négociable ;

  • forte : niveau très négociable.

– Les limites d'acceptation : niveau de critère d'appréciation au-delà ou en deçà duquel, suivant le cas, le besoin est jugé non satisfait. Les limites d'acceptation sont souvent précisées par des normes minimales et maximales d'acceptation.

– Le taux d'échange : rapport déclaré acceptable par le demandeur entre la variation du prix (ou du coût) et celle correspondante du niveau d'un critère d'acceptation, ou entre les variations de niveau de deux critères d'appréciation.

Les classes de flexibilité donnent donc l'espace de liberté permettant la souplesse souvent indispensable à la bonne réalisation du livrable du projet.

Voici les risques spécifiques à la gestion de la qualité et le DMR correspondant :

Risques	DMR
Risques spécifiques à la planification de la qualité	
Absence d'utilisation de standards de qualité (norme ISO, etc.).	Dispositif de contrôle qualité.
Risques spécifiques à l'assurance de la qualité	
Absence d'un processus de validation de la qualité des livrables du projet.	Instance de pilotage de projet.
Absence de désignation d'une personne extérieure à l'équipe projet pour évaluer la qualité des livrables du projet.	Dispositif de contrôle qualité.
Absence d'application d'un plan de gestion documentaire.	Dispositif documentaire.
Absence d'une méthode de gestion de projet formalisée et accessible à chaque acteur.	Démarche de conduite de projet.
Risques spécifiques à la maîtrise de la qualité	
Absence d'un processus périodique de contrôle (par la direction du projet) du respect des standards de qualité.	Dispositif de contrôle qualité.
Absence de réalisation d'audits qualité.	Dispositif de contrôle qualité.

En plus de l'utilisation d'outils spécifiques au processus, l'efficacité du processus « gestion de la qualité » passe par l'utilisation d'outils et de livrables de gestion de projet et de pilotage des risques.

Processus 6

Gestion des ressources humaines

« On ne veut pas, c'est le motif, on ne peut pas, c'est le prétexte. »

Sénèque

La construction de la pyramide de Khéops, Égypte (fin)

• Le phénomène de précession

Avec l'aplatissement de la Terre aux pôles et son renflement à l'Équateur, notre planète parcourt, axe penché, le trajet de son orbite. Cet axe, visant au fur et à mesure des points successifs autour d'une position moyenne, revient à sa position de départ au bout de 25800 ans. C'est le phénomène de précession, dont les répercussions en matière de calendrier sont importantes. Surprise, le calcul précessionnel s'obtient dans la pyramide en additionnant les nombres de pouces pyramidaux correspondant aux deux diagonales de base...

• La distance de la Terre au soleil

Le calcul de la Terre au soleil est essentiel, car cette distance sert d'unité de mesure astronomique et permet d'évaluer les dimensions d'une partie de notre univers. Depuis des siècles, des astronomes de tous les pays se sont évertués à en faire une détermination correcte, pour aboutir aujourd'hui à 149400000 kilomètres. Il suffisait pourtant de multiplier par un million la hauteur de la grande pyramide pour obtenir 148208000 kilomètres, soit le chiffre actuel avec une différence de 1200000 kilomètres... Rien ne prouve en outre que le chiffre de la grande pyramide ne soit pas le bon...

• L'orbite terrestre

En suivant son orbite autour du soleil à la vitesse de 29,79 kilomètres/seconde, la Terre parcourt une distance de 2 573 856 kilomètres toutes les vingt-quatre heures ! Ce qui est surprenant, c'est que cet arc exprimé en coudées pyramidales multiplié par deux est égal à 2 Pi…

• Autres données surprenantes de la grande pyramide

Bâtie sur le trentième parallèle, la grande pyramide bénéficie d'une température extérieure moyenne de vingt degrés, soit exactement égale à sa température intérieure. De plus, la longueur de l'antichambre multipliée par Pi est égale au nombre de jours dans l'année, soit 365,242 ! Par ailleurs, le volume de la pyramide multiplié par 2,06 (densité des pierres qui la composent) est égal à la densité de la Terre, soit 5,52. Enfin, le rapport entre le poids de la grande pyramide et celui de la Terre est de 1 à 10 puissance 15…

• Risque majeur de la construction de la pyramide de Khéops

Risque organisationnel : coordonner les travaux tout au long du processus.

• Dispositif de Maîtrise des Risques de la construction de la pyramide de Khéops

Méthodes d'organisation du travail tayloriennes avant Taylor !

Le processus « gestion des ressources humaines » correspond à la planification, à la gestion et à l'accompagnement des équipes. Il est composé de sous-processus tels que :

• mobilité interne ;

• recrutement (stagiaires, CDD, intérimaires et CDI) ;

• formation ;

• négociation de départ ;

• rémunération.

L'une des difficultés principales des projets réside dans le manque de compétences/motivation/disponibilité des équipes. La gestion des ressources indispensables au projet est donc une activité extrêmement importante qui doit prendre en compte toutes les parties prenantes et surtout les catégories suivantes :

• membres permanents de l'équipe projet : compétence, motivation et disponibilité aux phases cruciales ;

- membres des instances de pilotage et décision : disponibilité et connaissance des dossiers notamment pour les passages de phase (go/no go) ;
- experts sollicités ponctuellement : disponibilité ;
- utilisateurs, clients, usagers, etc. : disponibilité.

Formation progiciel bancaire	Nombre de personnes à former	Présentation progiciel		Caractéristiques			Opérations et comptabilité			Outil de gestion	
		5/1	6/1	7/1	8/1	9/1	12/1	13/1	14/1	15/1	16/1
Directeurs d'agence dépôts	4	4									
Exploitants dépôts	18				9		9			9	
						9	9				9
Assistantes commerciales dépôts	16				8		8			8	
						8	8				8
Base logistique dépôts - Resp back office et groupes	6	6			6		6	6		6	
Base logistique dépôts - Autres	52				8	8	10	8	8	8	
					8	8	10	8	8	8	
								8	8	8	
								8	8	8	
								10	10	10	
								10	10	10	
Secrétariat Bancaire - Resp back office et groupes	1		1				1	1	1	1	1
Secrétariat Bancaire - Autres	8					8	8	8	8	8	
Direction des engagements	1	1			1		1	1		1	
Direction des engagements - Autres (Bases logistiques dépôts)	4		4				4	4	4	4	
Gestion - Epargne - Placements	5		5				5	5	5	5	
Audit	10		10				10			10	
	125										

Exemple de tableau planning prévisionnel des présences obligées –
Projet de migration informatique banque immobilière

Voici les risques spécifiques à la gestion des ressources humaines et le DMR correspondant :

Risques	DMR
Risques spécifiques à la planification de l'organisation	
Absence d'assignation des rôles et des responsabilités sur le projet à des personnes ou des groupes.	Plan de Management de Projet
Absence de mise en place d'un processus de révision de la répartition effective des rôles et responsabilités avec les parties prenantes.	Dispositif de pilotage de projet.
Absence de recrutement des membres de l'équipe projet dans chacune des directions métier concernées.	Dispositif de gestion des sollicités.
Absence d'identification du chef de projet par tous les acteurs.	Plan de communication.
Non-sollicitation de l'équipe projet sur plusieurs projets au même moment.	Fonction centrale de pilotage du portefeuille des projets de l'entreprise.
Absence de formation des membres de l'équipe projet aux méthodes, techniques et outils utilisés sur le projet.	Plan de formation. .../...

Absence d'identification des personnes sollicitées.	Dispositif de gestion des sollicités.
Absence d'information des personnes sollicitées sur leur rôle.	Plan de communication.
Risques spécifiques à l'obtention des ressources	
Manque de disponibilité du chef de projet.	Dispositif de gestion des sollicités.
Disponibilité actuelle des ressources non conforme au besoin en quantité (jours/hommes), en temps (montée en charge) en stabilité (turnover) et en qualité (expérience, compétence) y compris pour la réalisation et la mise en service.	Dispositif de gestion des sollicités.
Risques spécifiques au développement de l'équipe	
Absence de mesure régulière de la performance et l'enthousiasme des équipes projet.	Dispositif de contrôle qualité.
Fort turnover de l'équipe projet.	Dispositif d'animation de l'équipe projet.
Acteurs du projet non motivés par la réussite du projet.	Dispositif d'animation de l'équipe projet.
Absence de détermination du planning de congés des équipes.	Dispositif de gestion des sollicités.
Absence de prévision des congés des équipes dans des périodes peu tendues et en dehors des périodes de pics d'activité.	Dispositif de gestion des sollicités.
Absence de sensibilisation des acteurs concernés au fonctionnement du management matriciel.	Plan de communication
Absence de mise en œuvre d'actions de team building.	Dispositif d'animation de l'équipe projet.
Absence de suivi individuel au cours du projet pour évaluer les évolutions de chacun.	Dispositif d'animation de l'équipe projet.

En plus de l'utilisation d'outils spécifiques au processus, l'efficacité du processus « gestion des ressources humaines » passe par l'utilisation d'outils et de livrables de gestion de projet et de pilotage des risques.

Processus 7

Conduite du changement
et communication

« En décrétant le changement, j'ai mis en marche l'immobilisme
et ne sais plus comment l'arrêter. »

Edgar Faure (à propos de la réforme de l'Éducation nationale)

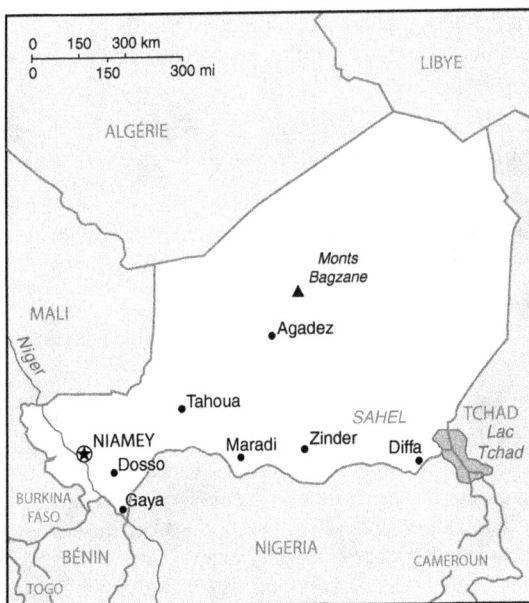

Carte du Niger

Le renforcement des capacités locales dans la région de Tillabéry, Niger[1]

Au Niger, le désert avance chaque année de six kilomètres. Cette désertification est le résultat, entre autres, de la sécheresse et de l'exploitation accrue du bois pour les besoins domestiques. Le Niger comme d'autres pays d'Afrique, est ainsi confronté à une réduction des terres cultivables… Le risque de pénuries alimentaires est très élevé. La réduction des terres cultivables augmente le risque de pénuries alimentaires. De fait, l'instabilité des revenus liés à l'agriculture et le manque de fiabilité des récoltes forcent les hommes à migrer durant neuf mois de l'année. Pendant ce temps, ce sont les femmes qui assurent le quotidien de la famille. Pourtant, la lutte contre la désertification s'intensifie. Les villageois s'organisent, se concertent et montent des projets. La région de Tillabéry est composée de vastes zones désertiques, de plaines d'inondations et de zones marécageuses caractérisées par la présence de grandes vallées qui s'assèchent progressivement. Via le projet Tillabéry, démarré en 2007 pour trois ans et un budget de 750 000 euros, SOS Sahel soutient cinq communes rurales de trois départements de la région (Téra, Ouallam, et Filingué). Au total, dix-huit villages pourront bénéficier des retombées du projet, dont la finalité est de lutter contre la faim et la pauvreté en renforçant les capacités locales, en restaurant des terres devenues impropres à l'agriculture, en diversifiant les activités agricoles, enfin en améliorant l'accès à l'eau. Il s'agit donc de :

– améliorer la sécurité alimentaire des populations, car tout être humain a droit à une nourriture adéquate et d'être à l'abri de la faim ;

– améliorer la gestion durable des ressources naturelles en restaurant des zones devenues désertiques, impropres à l'agriculture ;

– renforcer les capacités des organisations locales de développement en donnant les moyens aux populations locales de s'organiser et gérer leurs projets.

À terme, 56 000 personnes, soit les populations rurales de cinq communes de trois départements de la région de Tillabéry bénéficieront du projet : hommes et femmes vivant de l'agriculture principalement ciblés par le projet. Le cœur de l'action repose sur une centaine de groupements (10 000 personnes organisées en comités villageois, comités de gestion des banques de céréales…). Différentes ethnies vivent dans la région de Tillabéry. Les Touaregs sont

---

1. Source : www.sossahel.org.

très présents dans cette zone. Aujourd'hui, nombre d'entre eux se sont sédentarisés, forcés d'abandonner le nomadisme à cause de la sécheresse. Les Haoussa forment la majorité de la population nigérienne et occupent principalement la partie centrale du pays, jusque dans l'ouest. Agriculteurs pour la plupart, ils sont également, par tradition, d'habiles artisans et commerçants. Enfin, les Djerma et les Zonghaï peuplent également la région. Ils vivent essentiellement aux abords du fleuve Niger et travaillent surtout la terre, soit 10 000 personnes de cent groupements paysans.

- Risques majeurs du projet Tillabéry :

Risque humain : peuple en partie nomade.

- Dispositif de Maîtrise des Risques du projet Tillabéry :

– un pilotage rigoureux ;

– une appropriation du projet par les populations concernées ;

– des compétences locales de qualité.

Le processus « conduite du changement et communication » correspond à la gestion de la communication, de la formation, de la stratégie de passage du « gap » et des impacts organisationnels.

Le plan de communication consolide le dispositif de communication s'adressant à tous les acteurs concernés par le projet :

- le sponsor du projet ;
- le comité de pilotage ;
- les différents comités techniques et métiers ;
- l'équipe projet ;
- les bénéficiaires du projet ;
- les personnels de l'entreprise.

La communication à l'intérieur du projet doit permettre aux différents acteurs de travailler sereinement. Elle doit notamment présenter le planning général des travaux et plus précisément les échéances et les adhérences entre lots de travaux.

La communication à l'extérieur du projet a plusieurs objectifs :

- préparer le terrain avant le commencement du projet ;
- accompagner la dynamique du projet pendant le déroulement de celui-ci ;

- préparer la mise en œuvre du produit du projet par le traitement des éventuelles résistances au changement.

Chantier Appropriation		Plan de communication				
Personnes destinataires de l'information	Objectifs de l'information	Messages clés	Types de supports d'information	Personnes chargées de « faire passer l'information »	Dates ou moments clés de diffusion de l'information
Direction générale	Sensibiliser sur l'importance	Investissement à long terme	Dossiers	Sponsor	Entretiens ponctuels
Direction de projet	Rendre compte	Action sous contrôle	Rapport Flash + plannings	Chef de projet	Comité de projet hebdomadaire
Responsables d'encadrement	Se faire des alliés	Investissement	Supports de présentation	Chef de projet	Réunions mensuelles de l'encadrement
Personnel	Mobiliser et donner envie	Rassurer	Pas de support	Equipe projet	Face à face + téléphone

Exemple de plan de communication –
Projet de migration informatique banque immobilière

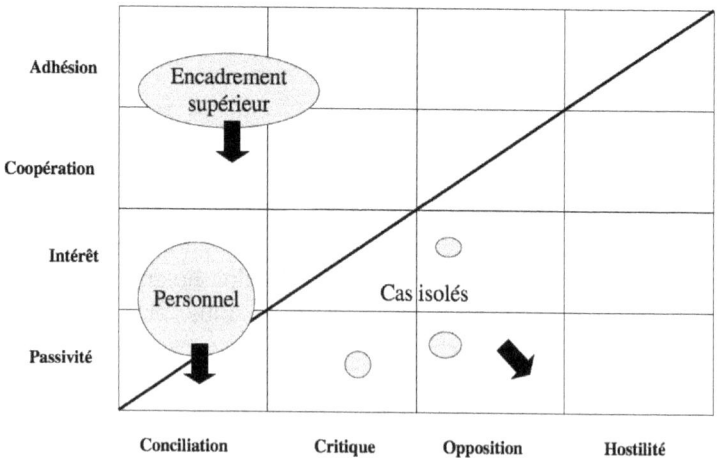

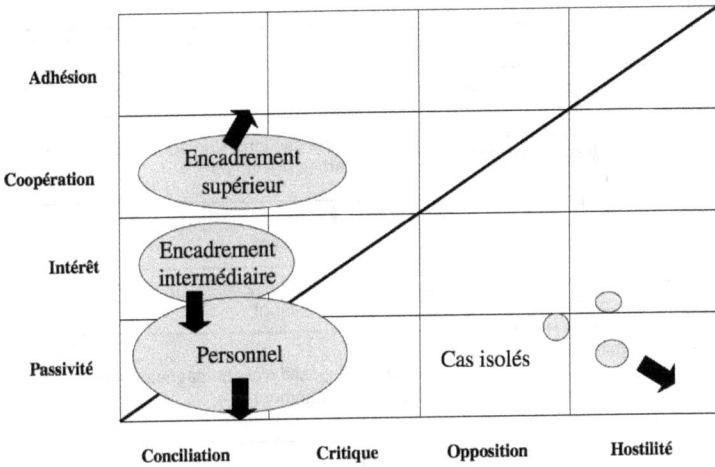

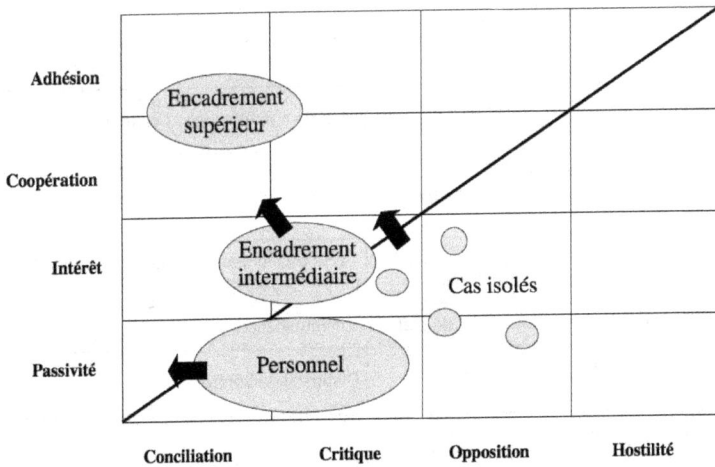

Exemples de cartes des forces des parties prenantes d'un projet

Voici les risques spécifiques à la conduite du changement et la communication ainsi que le DMR correspondant :

Risques	DMR
Risques spécifiques à la conduite du changement	
Absence de cartographie des « forces » (favorables, neutres, défavorables) en présence.	Carte des forces présentant la position des parties prenantes.
Absence de mise en place d'actions d'accompagnement.	Dispositif d'accompagnement du changement.
Absence de formalisation dans un document de la stratégie de passage de « gap ».	Dispositif d'accompagnement du changement.
Absence de mise en place de mécanismes de contractualisation (convention, etc.) de la mise en œuvre entre le niveau central et les entités.	Dispositif d'accompagnement du changement.
Absence de mise en place d'un plan de formation.	Plan de formation.
Absence de mise à jour du plan de formation en fonction des évolutions du projet.	Dispositif de pilotage opérationnel.
Risques spécifiques à la planification des communications	
Absence de formalisation d'un plan de communication interne (communication ascendante et descendante).	Plan de communication interne.
Absence de formalisation d'un plan de communication externe.	Plan de communication externe.
Absence de validation du plan de communication (interne et externe) par toutes les parties prenantes.	Dispositif de pilotage opérationnel.
Absence de prise en compte de chaque public par le plan de communication.	Carte des forces présentant la position des parties prenantes.
Risques spécifiques à l'exécution du plan de communication	
Absence de mise en œuvre du plan de communication.	Dispositif de contrôle qualité.
Absence d'actualisation du plan de communication au cours du projet pour suivre les évolutions de ce dernier et de son contexte.	Dispositif de pilotage opérationnel.
Absence de suivi du résultat des actions de communication au niveau des instances.	Dispositif de pilotage opérationnel. .../...

Risques spécifiques à la diffusion de l'information	
Utilisation de vecteurs de communication inappropriés.	Plan de communication.
Absence de diffusion des objectifs et enjeux du projet à tous les acteurs concernés.	Plan de communication.
Absence de traitement des demandes ponctuelles d'information non prévues dans le plan de communication.	Dispositif de pilotage opérationnel.
Absence de possession du même niveau d'information par l'équipe projet.	Dispositif de pilotage opérationnel.

En plus de l'utilisation d'outils spécifiques au processus, l'efficacité du processus « gestion du changement et communication » passe par l'utilisation d'outils et de livrables de gestion de projet et de pilotage des risques.

Processus 8

Gestion des prestataires et des approvisionnements

« La plus belle fille du monde ne peut donner que ce qu'elle a. »

Proverbe

Le système informatique de la SNCF Socrate, France

En 1987, la SNCF décide de remplacer son système informatisé de réservation de billets. Le système en place, RESA, conçu au début des années 1970, traitait quelque 50 millions de réservations par an. Avec le développement du réseau TGV en France et en Europe, sur lequel misait essentiellement la SNCF, un volume de 150 millions de réservations était envisagé à l'horizon 1995. RESA ne pouvait faire face au triplement de son activité. En 1988, la SNCF regarde de prés AMADEUS, un projet informatique développé par Air France. Puis opte pour une informatique made in USA, avec SABRE, inventé par American Airlines, puis devenu SOCRATE (Système Offrant à la Clientèle la Réservation d'Affaires et de Tourisme en Europe), correspondant aux exigences de la SNCF : il s'agit non seulement de faire face à une croissance du volume des transactions, mais également de modifier profondément la logique de facturation pour améliorer la rentabilité de la SNCF et permettre des ventes de produits diversifiés au-delà des billets de train (entrées pour Euro Disney par exemple).

« Si je mets en place un système aussi sophistiqué pour remplir mes trains, c'est pour accroître la rentabilité de la SNCF », déclarait alors Jean-Marie Metzler, à l'époque directeur de l'activité Grandes Lignes. Il a engagé alors 1,3 milliard de francs pour développer Socrate, son nouveau logiciel de réservation. Il en espérait au moins

600 millions de francs de recettes supplémentaires tous les ans. Son modèle ? Le yield management (optimisation commerciale) des compagnies aériennes : le prix du billet varie en fonction de la distance parcourue, mais aussi du taux de remplissage des appareils et des conditions de réservation, ce qui permet d'optimiser la rentabilité de chaque transport. Ces principes de tarification seront progressivement appliqués à la SNCF à partir de la fin 1993. Une vraie révolution culturelle ! Pour les usagers, ce système « assassine le principe d'égalité des citoyens devant le service public ». Ce système est capable d'assurer 800 transactions par seconde, avec un temps de réponse de 0,9 seconde, grâce aux sept ordinateurs abrités dans les 6 000 mètres carrés du centre informatique localisé à Lille. Celui-ci dispose d'une autonomie de marche de soixante-douze heures en cas de panne, par exemple en alimentation électrique.

De la mise en place par la SNCF de Socrate au début 1993, on retiendra surtout les difficultés et la grogne des usagers qui s'en sont suivies. Mais l'innovation technologique n'était que l'un des aspects d'une mutation organisationnelle plus profonde. Socrate a en effet constitué un véritable projet d'entreprise pour l'un des nouveaux centres de responsabilités de l'établissement national, l'activité Grandes Lignes. La conduite du projet, impulsé au départ par quelques membres de la direction de l'entreprise, a été effectuée en associant étroitement les personnels à sa réalisation, permettant ainsi une réforme profonde des modes de fonctionnement habituels de la SNCF. Comment expliquer les déboires rencontrés ?

• Risques majeurs du projet Socrate :

Risque client : changer les habitudes des 400 000 Français empruntant chaque jour un train Grandes Lignes.

Risque technique : modifier en profondeur un système d'information utilisé par 14 000 guichetiers et de nombreux intervenants externes (les agences de voyages notamment, soit 20 % du chiffre d'affaires Grandes Lignes de la SNCF, et même 40 % de ses ventes de billets première classe) et convertir à son nouveau système de réservation les 190 000 agents SNCF.

Risque politique : tout changement à la SNCF est suivi attentivement par les associations de consommateurs et les syndicats.

• Dispositif de Maîtrise des Risques du projet Socrate :

– un management des hommes et du changement soigné ;

– une gestion de planning tenant compte de plusieurs facteurs (engagements sur les délais, qualité, coût, mais aussi situation effective des développements et tests) ;

– une communication attentive avec les parties prenantes : aller au-delà de la classique mise devant le fait accompli. Les clients ont dû se contenter des explications techniques fournies par des dépliants (distribués à 4,5 millions d'exemplaires, tout de même) et des affiches apposées dans toutes les gares. L'introduction du système en même temps que l'application de hausses de tarif n'a pas facilité son lancement.

Le processus « gestion des prestataires et des approvisionnements » correspond à la planification des approvisionnements, au choix des prestataires et à la gestion des prestations. Il est composé des sous-processus suivants :

- référencement fournisseur ;
- demande de prix, consultation et appel d'offres ;
- achat (commande ; livraison ou réception ; comptabilisation ; règlement ; traitement des litiges).

Carte du Mali

L'accès à l'eau potable et à l'assainissement dans le Cercle de Gourma Rharous, Mali[1]

Le Mali occupe aujourd'hui le 174e rang sur 177 pays dans le classement du PNUD, selon l'indice de développement humain. Parmi les zones les plus frappées par la pauvreté, se trouve le Cercle de Gourma Rharous, dans la région de Tombouctou. L'objectif du projet d'un an et de 409 000 euros de budget, démarré en janvier 2009, est de lutter contre l'extrême pauvreté et la malnutrition en répondant aux problèmes urgents de l'accès à l'eau potable et à l'assainissement ; de lutter contre la malnutrition infantile ; de renforcer les capacités communales de maîtrise d'ouvrage dans les domaines de l'eau, de l'assainissement et de la lutte contre la malnutrition. Soutenu par le département des Hauts-de-Seine et mis en œuvre par SOS Sahel, il s'appuie sur le Syndicat Intercommunal des Communes de la Bande du Fleuve Niger (SICOBAF), fédérant les élus locaux, fortement impliqués et volontaristes en matière de développement de leur territoire. En effet, située aux portes du Sahara au Nord du Mali, cette zone est menacée par un ensablement progressif. Les conditions de vie de la population sont précaires à cause d'un environnement extrêmement défavorable : climat ultra-désertique, enclavement, inaccessibilité à l'eau potable et à la nourriture, peu d'infrastructures sociales et productives, dégradation et épuisement des ressources naturelles... Le manque d'accès à de l'eau potable contraint la population à boire l'eau du fleuve Niger, impropre à la consommation. La plupart des ménages ne disposent pas de latrines non plus. Dans un tel contexte d'insalubrité, les risques de propagation de maladies telles que la bilharziose, la dysenterie, le choléra ou la méningite sont accrus. L'autre fléau de Gourma Rharous, touchant particulièrement les enfants de moins de 5 ans, est la malnutrition. Cette facette parmi d'autres de l'extrême pauvreté affecte les familles les plus démunies et se manifeste par de graves carences alimentaires. Les bénéficiaires sont pour 45 % de la population ciblée localisés dans les trente villages et les chefs-lieux des quatre communes du fleuve. Les autres habitants sont nomades, réunis dans 41 fractions de villages. Une partie de la population sédentaire a une activité pastorale et se déplace à la faveur des saisons avec ses animaux ; les éleveurs migrent ainsi temporairement dans les régions plus favorables, en fonction des saisons. Beaucoup d'enfants de moins de 5 ans souffrent d'une sous-alimentation chronique. Le taux d'incidence de la malnutrition infantile est de 33 %. Le taux de couverture sanitaire est quasi

---

1. Source : www.sossahel.org.

inexistant : on compte un médecin pour 92 000 habitants et un centre de santé pour 5 400 à 17 000 habitants.

- Risques majeurs du projet Gourma Rharous :

Risque géographique : climat ultra-désertique.

Risque culturel : poids des habitudes.

Risque humain : capacité des élus locaux pour la maîtrise d'ouvrage du projet.

- Dispositif de Maîtrise des Risques du projet Gourma Rharous :

– un pilotage rigoureux ;

– une appropriation du projet par les populations concernées ;

– des compétences locales de qualité.

Dans ce type de processus, le besoin d'un dispositif de contrôle des risques semble évident, tant les risques sont nombreux, notamment ceux ayant un impact sur la qualité du livrable du projet. Rappelez-vous le dramatique tremblement de terre qui fit il y a quelques années de nombreux morts en Algérie. L'enquête montra que les immeubles construits n'avaient pas respecté les normes de construction, que la qualité des matériaux n'avait-elle non plus pas été respectée, y compris pour les matériaux de base. Dans ce triste événement, certains se sont enrichis au passage, d'autres sont morts… C'est la raison pour laquelle un suivi rigoureux des fournisseurs et des sous-traitants doit être réalisé tout au long du déroulement d'un projet. Des audits réguliers doivent être réalisés, car ce processus est particulièrement propice à des détournements, des ententes et des enrichissements personnels.

Extrait d'une revue qualité fournisseur au sein d'une direction des Systèmes d'Information, France

- Objectifs et déroulement de la revue :

Cette revue qualité s'est effectuée dans les locaux de la DSI le 7 août 2009 en présence des personnes suivantes : Titulaire du marché : M. Pierre, responsable du compte ; Mlle Eva, chef de projet en charge du pilotage des travaux ; Mlle Anaïs, Audrey, Alexandra et Alice, analystes en charge de la réalisation des travaux. Entreprise : M. Yohan, DSI ; Mlle Clara, responsable du bureau d'études informatique ; M. Hugo, RSSI.

Les objectifs de cette revue étaient de :

– vérifier la mise en œuvre des recommandations de la précédente revue qualité, datant du 2 mars 2009 ;

– vérifier l'adéquation du processus de production/maintenance du titulaire du marché aux dispositions énoncées dans les documents contractuels en vigueur et essentiellement le « plan qualité projet » et « les plans de production/maintenance » ;

– produire d'éventuelles recommandations pour améliorer la qualité si besoin.

La démarche a consisté à renseigner la liste de contrôle issue des documents contractuels, avec les réponses fournies par l'équipe du titulaire du marché (complétées par l'examen de répertoires et des documents de projet).

La revue s'est effectuée sans difficulté au niveau de la disponibilité de l'équipe du Titulaire du marché et de l'accès aux documents ou à l'environnement technique sur les aspects du projet suivants :

– organisation de l'équipe et pilotage ;

– support technique/veille technologique ;

– cohérence et support fonctionnel ;

– maintenance corrective ;

– maintenance fonctionnelle ou technique ;

– qualité ;

– maîtrise et gestion des documents ;

– gestion de la configuration ;

– gestion des modifications ;

– reproduction, protection, livraison.

L'application des recommandations pourra être suivie lors de points qualité réguliers ou sera vérifiée au cours de la prochaine revue qualité DSI.

● État des lieux :

Deux recommandations émises lors de la précédente revue ont été prises en compte :

– documentation insuffisante ;

– saisie des temps des programmeurs imprécise.

Une recommandation non prise en compte en train d'être examinée par le projet : saisie des temps des programmeurs imprécise.

* Recommandations :

Recommandations pour le titulaire du marché :

– mieux documenter les travaux ;

– veiller à une saisie exacte des temps.

Recommandations pour la DSI :

– mettre à jour la liste des codes pour les saisies de temps ;

Recommandation conjointe Titulaire du marche et DSI ;

– définir un formalisme et une codification pour la documentation du projet.

* Conclusions de la revue :

Une plus grande attention doit être portée par le titulaire du marché à ce qui concerne l'environnement du projet en bonne intelligence avec la DSI.

Voici les risques spécifiques à la gestion des prestataires et des approvisionnements et le DMR correspondant :

Risques	DMR
Risques spécifiques à la planification des approvisionnements	
Absence d'identification et anticipation des besoins en ressources extérieures pour le projet ou pour les projets.	Plan de Management de Projet.
Absence d'actualisation des besoins en ressources extérieures pour le projet ou pour les projets.	Dispositif de pilotage opérationnel de projet.
Risques spécifiques au choix des prestataires	
Approvisionnement ne s'inscrivant pas dans les processus « achats normaux » des différentes parties prenantes (appel d'offres, cahier des charges, etc.).	Dispositif de contrôle qualité.
Absence de possession d'une liste qualifiée de prestataires externes (référencement des fournisseurs, etc.).	Dispositif de contrôle qualité.

.../...

Risques spécifiques à la gestion de la prestation	
Absence d'un cadre contractuel établi pour l'intervention des prestataires externes dans l'équipe projet.	Dispositif de pilotage stratégique du projet.
Absence d'obligation de résultats pour les prestataires externes.	Dispositif de pilotage opérationnel du projet.
Absence de définition et « partage » des livrables des prestataires.	Dispositif de pilotage opérationnel du projet.
Absence de processus de revue de contrat périodique entre le prestataire et la partie prenante formalisé et opérationnel.	Dispositif de contrôle qualité.
Absence de suivi opérationnel de l'avancement des travaux.	Dispositif de pilotage opérationnel.
Absence de définition/formalisation des modalités de réception des livrables.	Démarche de conduite de projet incluant les modalités de réception des travaux.

En plus de l'utilisation d'outils spécifiques au processus, l'efficacité du processus « gestion des prestataires et des approvisionnements » passe par l'utilisation d'outils et de livrables de gestion de projet et de pilotage des risques.

CONCLUSION

« Acta est fabula. » (La pièce est jouée.)

Auguste, sur son lit de mort.

La construction de la Tour Eiffel, France

Gustave Eiffel naît en 1832 et débute sa carrière professionnelle en 1855, après avoir achevé ses études à l'École centrale des arts et manufactures. En 1864, il fonde sa propre entreprise de constructions métalliques. En 1884, l'impressionnant viaduc de Garabit lui confère une gloire internationale. Il a bientôt à son actif plusieurs ponts et édifices industriels ainsi que le dôme de l'Observatoire de Nice, la structure de la statue de la Liberté ou encore le pont de Saint-Louis du Sénégal... En France, sa notoriété lui vient également de son génie visionnaire qui fera de lui l'un des pionniers de l'aviation, au même titre que Breguet, Farman, Voisin ou Blériot, qui viendront dans son laboratoire d'Auteuil effectuer des essais de moteurs, d'hélices ou d'ailes. On doit l'idée de la Tour Eiffel à deux ingénieurs employés par Eiffel, Émile Nouguier et Maurice Koechlin... L'édifice va nécessiter 700 croquis d'ensemble et 3600 dessins d'atelier. Quarante dessinateurs et ingénieurs, chargés des calculs, y travaillent pendant deux ans (c'était avant l'ordinateur...). Le projet mobilise également 1500 ouvriers dans les ateliers de Levallois-Perret où les éléments sont préfabriqués. Les deux tiers des 2500000 rivets de l'édifice y sont posés avant l'assemblage. Des pièces détachées d'environ cinq mètres sont réalisées avec la précision d'un dixième de millimètre. Et jamais plus de 250 ouvriers ne travailleront sur l'œuvre elle-même. La Tour gagne dix mètres de hauteur par mois jusqu'au deuxième étage. Puis tout va s'accélérer : en un mois, elle prend trente mètres ! Achevée en vingt-deux mois, la Tour mesure au final 312 mètres avec le drapeau et devient l'édifice le plus haut du monde... Elle est achevée comme convenu pour l'ouverture de l'Exposition universelle de 1889. Eiffel obtient une subvention ainsi qu'un droit d'exploitation pour une durée de vingt ans. Les travaux dépasseront le budget prévu mais, grâce aux recettes dégagées pendant la durée de l'exposition avec plus de deux millions de visiteurs, le projet sera financièrement équilibré.

• Risques majeurs de la construction de la Tour Eiffel :

Risque de financement : respect du budget initial.

Risque technologique : utilisation de techniques éprouvées dans des ouvrages d'art de type « pont » ou « charpente », mais jamais pour un ouvrage d'art de cette taille.

Risque de délai : date d'ouverture de l'exposition universelle de 1889 non reportable.

• Dispositif de Maîtrise des Risques de la construction de la Tour Eiffel :

– financement complété par l'exploitation de l'ouvrage ;

– utilisation de technologies et d'expertises éprouvées ;

– techniques de construction par modules.

Que faut-il donc pour mettre sous contrôle les risques d'un projet ? En résumé, rien de très nouveau… à savoir :

– Des règles du jeu se traduisant par un pilotage central du portefeuille des projets stratégiques de l'entreprise, garant de l'alignement du projet sur la stratégie de l'entreprise et de la bonne affectation des ressources financières, humaines et techniques au bon moment.

– Une démarche méthodologique acceptée et imposant des points de passage obligés (go/no go) ainsi que la rédaction de certains livrables (dossier d'étude d'opportunité, PMP, plan de communication, cahier des charges, etc.).

– Une organisation différenciant le rôle du sponsor, des instances de pilotage stratégique et opérationnel, un chef de projet, une équipe projet, des experts, une réelle différenciation entre la maîtrise d'œuvre et la maîtrise d'ouvrage.

– Un dispositif de contrôle qualité.

– Un dispositif de pilotage.

– Et… un dispositif de maîtrise du portefeuille des risques !

GLOSSAIRE

AFAQ : Agence Française d'Assurance Qualité.

AMDEC : Analyse des Modes de Défaillance, de leurs Effets et de leur Criticité.

Audit d'efficacité (ou de performance) : opinion sur la qualité des procédures. Le référentiel devient une abstraction, résultante de l'appréciation de l'auditeur.

Audit de management : consiste à évaluer la mise en œuvre sur le terrain des politiques et des stratégies de l'entreprise.

Audit de régularité (ou de conformité ou d'assurance) : vérification de la bonne application des règles et procédures de l'entreprise.

Audit de stratégie : évaluation de la cohérence globale des politiques et stratégies d'entreprise avec l'environnement de l'entreprise.

Audit interne : équipe rattachée directement au président de l'entreprise ayant en charge l'évaluation de l'efficacité du dispositif de contrôle interne.

Benchmarking : technique permettant d'identifier les critères de succès des solutions à prendre en compte dans le cadre de la recherche de solutions.

Brainstorming : technique centrée sur la créativité permettant d'identifier des solutions possibles.

Cahier des charges : document présentant avec précision le produit final du projet et permettant sa conception.

Carte de contrôle : fiche permettant de noter les performances d'une solution déployée et de faire des calculs statistiques.

Carte des forces : technique permettant d'identifier les forces en présence par rapport à un changement ainsi que les actions d'accompagnement.

Comité d'audit : groupe de travail issu de l'organe de contrôle d'une société (le conseil d'administration ou le conseil de surveillance) chargé de surveiller la gestion confiée au dirigeant (le directeur général ou le directoire). Il est souvent chargé d'analyser les comptes et le dispositif de contrôle arrêtés par le dirigeant.

Confidentialité (C) : propriété qui assure la tenue secrète des données d'un système d'information avec accès aux seules entités autorisées.

Contrat de service : document engageant deux entités dans une relation client/fournisseur.

Contrefaçon : reproduction à l'identique. Elle consiste à fabriquer de nouveau entièrement un support non authentique, différent de l'original qui contient des signes de sécurité. Les éléments de sécurité peuvent être imités, mais les faux sont assez aisément repérables pour les initiés de base. Aux yeux de la loi, la contrefaçon constitue un délit.

Contrôle : action permettant de mesurer une situation ou un résultat. On distingue habituellement le contrôle *a priori* ayant pour objectif d'éviter que le risque ne se réalise et le contrôle *a posteriori* visant à détecter la survenance d'éléments de risque et à la gérer (en réduire les effets ou les transférer sur une tierce personne — principe de l'assurance).

Contrôle et preuves (P) : faculté de vérifier le bon déroulement d'une fonction d'un système d'information.

Contrôle au premier degré : contrôle réalisé par les employés au fil du traitement de chaque transaction (sélection des opérations à traiter/ne pas traiter, identification de la procédure de traitement appropriée, application effective de ladite procédure, documentation et information, évaluation et justification périodique, etc.). Ce contrôle a vocation à être appliqué à chaque transaction.

Contrôle au second degré : contrôle réalisé sur les contrôles de premier niveau pour en apprécier la permanence, la pertinence et l'adéquation. Suivant les auteurs, on distingue des sous-catégories selon une terminologie non standardisée (se faire préciser) allant du contrôle hiérarchique au contrôle des contrôles (audit interne) en passant par le contrôle opéré par des services spécialisés.

Contrôle interne : ensemble des sécurités contribuant à la maîtrise de l'entreprise. Il a pour but d'assurer la protection et la sauvegarde du patrimoine et la qualité de l'information, l'application des instructions de la direction et de favoriser l'amélioration des performances. Il se manifeste par l'organisation, les méthodes et les procédures de chacune des activités de l'entreprise pour maintenir la pérennité de celle-ci (source : OEC congrès 1977).

Contrôle périodique : contrôle ponctuel réalisé *a posteriori* par des fonctions spécialisées.

Contrôle permanent : contrôle au quotidien réalisé par les opérationnels et leur hiérarchie dans le cadre du traitement des opérations.

Criticité : niveau de gravité d'un risque.

Critique : niveau d'un risque qui entraînerait des pertes financières, commerciales et organisationnelles importantes, voire inacceptables, ou des préjudices majeurs d'ordre judiciaire, et qui obligerait à prévoir des mesures de sécurité.

Développement durable : développement qui répond aux besoins du présent sans compromettre la capacité des générations futures de répondre aux leurs. Deux concepts sont inhérents à cette notion : le concept de besoins, et plus particulièrement des besoins essentiels des plus démunis, à qui il convient d'accorder la plus grande priorité ; et l'idée des limitations que l'état de nos techniques et de notre organisation sociale impose sur la capacité de l'environnement à répondre aux besoins actuels et à venir.

Disponibilité (D) : aptitude des systèmes d'information à remplir une fonction dans des conditions prédéfinies d'horaires, de délais et de performances.

Dispositif de contrôle qualité : système permettant de contrôler le déroulement d'un projet et la qualité de ses livrables.

Dispositif de maîtrise des risques (DMR) : réponses prudentielle (limites d'activités), organisationnelles, de procédures et de systèmes visant à réduire un risque.

Dispositif de pilotage du projet : ensemble des systèmes permettant de piloter un projet.

Dossier de bilan : document permettant de faire le bilan d'un scénario une fois celui-ci déployé.

Dossier de choix : document permettant de comparer plusieurs scénarios en vue d'un choix rationnel.

Étude d'opportunité : document présentant l'opportunité économique d'un projet.

Étude de faisabilité : document présentant la faisabilité technique d'un projet.

Expression de besoin : document exprimant un besoin ou une idée de projet.

Événement de risque : lieu de survenance (espace/temps) d'un risque.

Faible : niveau d'un risque qui n'entraînerait pas de pertes importantes et que l'on pourrait assumer.

Falsification : consiste à voler des documents originaux *via* des réseaux organisés. Les documents sont authentiques, mais certains éléments en sont modifiés. Les éléments de falsification les plus courants sont la photo et les dates (naissance, émission du document, etc.). Aux yeux de la loi, la falsification est un crime. Aujourd'hui, la falsification est plus courante que la contrefaçon, qui reste réservée aux opérations avec des enjeux plus importants. Elle est également plus repérable.

Gestionnaire de risque : responsabilité conceptuelle visant à identifier, expliciter et estimer le risque ; à concevoir et mettre en place un dispositif de contrôle et de reporting sur le risque ; enfin à exploiter les reportings et alertes issues du dispositif.

Gravité : mesure de l'impact de la survenance d'un risque (1/100/1 000 K euros – effet sur l'image sensible ou désastreux, etc.).

Incident : risque net.

Intégrité (I) : propriété qui assure que les données d'un système d'informations sont identiques en deux points, dans le temps et dans l'espace.

Menace : relation entre, d'une part, un événement d'origine naturelle, accidentelle ou volontaire et, d'autre part, un élément du système d'information susceptible d'en subir les atteintes.

Mesure de prévention : mesure de sécurité qui agit sur la probabilité d'un sinistre (par exemple : chiffrement).

Mesure de protection : mesure de sécurité qui agit sur l'impact d'un sinistre (par exemple : back up).

Méthode PERT : technique de planification des travaux à réaliser dans le cadre d'un projet.

Non-répudiation : impossibilité pour une entité de nier avoir reçu ou émis un message.

Note de cadrage : document permettant de cadrer un projet avant son lancement.

Note de lancement d'étude : document d'accompagnement du lancement officiel d'une étude.

Plan d'Assurance et de Contrôle de la Qualité (PACQ) : dispositif garantissant l'atteinte de la qualité du livrable final du projet.

PCA : plan de continuité des activités.

Plan de communication : dispositif de communication interne et externe au projet.

Plan de Management de Projet (PMP) : document synthétisant les modalités de réalisation d'un projet.

Planning de Gantt : technique permettant de piloter les travaux à réaliser dans le cadre d'un projet.

Probabilité : fréquence de survenance du risque (une fois au moins tous les jours ; mois ; ans ; dix ans, etc.).

Processus : succession d'activités réalisées à l'aide de moyens et dont le résultat final attendu est un produit ou une prestation. Un processus présuppose des éléments entrants mesurables, une création de valeur ajoutée, des éléments de sortie mesurables et un caractère reproductible.

Processus de pilotage : définissent la stratégie, organisent l'action et contrôlent les réalisations.

Processus opérationnels (ou processus « métier ») : contribuent directement à la réalisation du produit ou de la prestation. Ils délivrent un produit à un client final externe à l'entreprise.

Processus support : contribuent au bon déroulement des processus métier en leur apportant les ressources et informations nécessaires.

Profil de risque d'une entreprise : positionnement d'une entreprise sur son marché se traduisant par un niveau de risques connu et accepté (rapport « opportunités/risques »).

Référentiel des processus : inventaire exhaustif des processus d'une entreprise en distinguant différents niveaux d'agrégation.

Référentiel des produits et services : inventaire exhaustif des produits et services commercialisés par une entreprise.

Relevé de non-conformité : fiche permettant d'enregistrer les défauts d'une solution déployée.

Responsabilité sociale de l'entreprise (RSE) : concept selon lequel les entreprises intègrent les préoccupations sociales et environnementales dans leurs activités et dans leur interaction avec leurs parties prenantes sur une base volontaire.

Risque : événement susceptible de mettre en cause la réalisation des objectifs de l'entreprise. Il peut être externe ou interne à l'entreprise.

Risque brut : risque auquel est exposée une entreprise.

Risque de conformité : risque de pertes résultant de l'inadaptation ou de la défaillance de procédures internes, de personnes et de systèmes ou résultant d'événements extérieurs.

Risque majeur : risque de niveau sensible, critique ou stratégique.

Risque maximum tolérable : événement unitaire ou addition d'événements qui, à un moment donné, dépasse ce que l'entreprise peut supporter. Le risque maximum tolérable est de nature à remettre en cause l'existence même de l'entreprise.

Risque net : résultat du DMR appliqué à un risque brut.

Risque opérationnel : risque de pertes résultant de l'inadaptation ou de la défaillance de procédures internes, de personnes ou de systèmes ou résultant d'événements extérieurs.

RSSI : responsable de la sécurité des systèmes d'information.

Self-audit : dispositif de contrôle mettant à disposition des opérationnels un moyen d'évaluer leur façon d'employer le dispositif de contrôle et donc leur exposition au risque et leurs axes d'amélioration.

Sensible : niveau d'un risque qui entraînerait des pertes financières, commerciales et organisationnelles significatives, ou des préjudices mineurs d'ordre judiciaire, et qui obligerait à prévoir des mesures de sécurité.

Stratégique : niveau d'un risque qui entraînerait la perte d'une activité de l'entreprise, ou des poursuites judiciaires à l'encontre d'un haut responsable de l'entreprise, et qui obligerait à prévoir des mesures de sécurité.

Tableau de bord : ensemble d'indicateurs permettant de suivre un projet en regard de son avancement, de ses plannings et de ses budgets.

LISTE DES OUTILS DU DISPOSITIF DE MAÎTRISE DES RISQUES D'UN PROJET

LISTE DES PROJETS CITÉS

INDEX

T

tableau de bord de projet 152
test 194
théorie des jeux 98
travaux 168, 224

V

valeur 247
vulnérabilité 27

www.ingramcontent.com/pod-product-compliance
Lightning Source LLC
Chambersburg PA
CBHW052107230326
41599CB00054B/4284